财经易文
www.ewinbook.com

价值流管理

面向全局供应链的精益方法

[美] 戴伦·多尔斯麦思卡罗（Darren Dolcemascolo）/著
任建标　顾静怡/译

Improving the Extended Value Stream: Lean for the Entire Supply Chain

中国财政经济出版社

图书在版编目(CIP)数据

价值流管理:面向全局供应链的精益方法/(美)多尔斯麦思卡罗(Dolcemascolo,D.)著;任建标,顾静怡译. —北京:中国财政经济出版社,2008.6

书名原文:Improving the Extended Value Stream: Lean for the Entire Supply Chain

ISBN 978-7-5095-0673-8

Ⅰ.价… Ⅱ.①多… ②任… ③顾… Ⅲ.物资供应—物资管理

Ⅳ.F252.

中国版本图书馆CIP数据核字(2008)第061726号

著作权合同登记号:图字01-2007-5631号

Darren Dolcemascolo

Improving the Extended Value Stream: Lean for the Entire Supply Chain

ISBN 978-1-56327-333-9

Originally published in English by Productivity Press as Improving the Extended Value Stream: Lean for the Entire Supply Chain.

中国财政经济出版社出版

URL: http://www.cfeph.cn

E-mail: webmaster@ewinbook.com

社址:北京海淀区阜成路甲28号 邮政编码:100036

发行电话:010-88191017

三河市和达印务有限公司 各地新华书店经销

787×1092毫米 16开 17印张 400千字

2008年6月第1版 2008年6月北京第1次印刷

定价:43.00元

ISBN 978-7-5095-0673-8/F·0543

(图书出现印装问题,本社负责调换)

价值流管理

献　词

献给 Cari 和我的父母——在写作本书的几年中

离不开你们的爱、支持和鼓励

愿上帝保佑你们

致谢词

我要感谢 Productivity 出版社的 Mike Sinocchi 促使我写作本书，感谢 Productivity 出版社和 Ruth Mills 团队的其他工作人员。

译者序

第二次世界大战结束不久，汽车工业中统治世界的生产模式是以美国福特制为代表的大批量生产方式，这种生产方式以流水线形式少品种、大批量生产产品。在当时，大批量生产方式即代表了先进的管理思想与方法，大量的专用设备、专业化的大批量生产是降低成本、提高生产率的主要方式。与处于绝对优势的美国汽车工业相比，日本的汽车工业则处于相对幼稚的阶段，丰田汽车公司从成立到1950年的十几年间，总产量甚至不及福特公司1950年一天的产量。汽车工业是日本经济倍增计划的重点发展产业，日本派出了大量人员前往美国考察。丰田汽车公司在参观美国的几大汽车厂之后发现，采用大批量生产方式降低成本仍有进一步改进的余地，而且日本企业还面临需求不足与技术落后等严重困难；加上战后日本国内的资金严重不足，也难有大量的资金投入以保证日本国内的汽车生产达到有竞争力的规模，因此他们认为在日本采用大批量、少品种的生产方式是不可取的，而应考虑一种更能适应日本市场需求的生产组织策略。以丰田汽车的大野耐一等人为代表的精益生产的创始者们，在不断探索之后，终于找到了一套适合日本国情的汽车生产方式：及时制生产、全面质量管理、并行工程、充分协作的团队工作方式和集成的供应链关系管理，逐步创立了独特的多品种、小批量、高质量和低消耗的精益生产方法。1973年的石油危机，使日本的汽车工业闪亮登场。由于市场环境发生变化，大批量生产所具有的弱点日趋明显，20世纪80年代日本丰田汽车公司发明了丰田生产方式（Toyota Production System），创造了日本汽车的质量与成本优势，丰田公司的业绩开始上升，与其他汽车制造企业的距离越来越大，丰田生产方式开始为世人所瞩目。2007年，丰田汽车公司成为世界上最大的汽车公司。在市场竞争中遭受失败的美国汽车工业，在经历了曲折的认识过程后，终于意识到致使其竞争失败的关键是美国汽车制造业的大批量生产方式输给了丰田生产方式。

1985年，美国麻省理工学院的Daniel T. Jones教授等筹资500万美元，用了近5年的时间对90多家汽车厂进行对比分析，于1992年出版了《改造世界的机器》一书，把丰田生产方式定名为精益生产，并对其管理思想的特点与内涵进行了详细的描述。四年之后，该书的作者出版了它的续篇《精益思想》，进一步从理论的高度归纳了精益生产中所包含的新的管理思维，并将精益方式扩大到制造业以外的所有领域，尤其是第三产业，把精益生产方式外延到企业活动的各个方面，不再局限于生产领域，从而促使管理人员重新思考企业流程，消灭浪费，创造价值。精益思想的核心就是以越来越少的投入——利用较少的人力、较少的设备、较短的时间和较小的场地创造出尽可能多的价值；同时也越来越接近用户，为他们提供确实想要的东西。精益思想包括精益生产、精益管理、精益设计和精益供应等一系列思想，其核心是通过“及时适量”、“零库存”、“看板卡”等现场管理手段实现“按订单生产”，从而确保产品质量并降低成本。精益思想最初体现在对产品质量的控制中，即指不追求产品的成本优势和技术领先，而是强调产品的成本与技术的合理匹配、协调。此后，企业界将精益思想逐步引申、延展到企业经营活动的全过程，即追求企业经营投入和经济产出的最大化、价值最大化。从字面意思来看，“精”体现在质量上，追求“尽善尽美”、“精益求精”；“益”体现在成本上，只有成本低于行业平均成本的企业才能获得收益。因而，精益思想不单纯追求成本最低、企业眼中的质量最优，而是追求用户和企业都满意的质量、追求成本与质量的最佳配置、追求产品性能与价格的最优比。

许多组织都是从实施企业内部的精益生产方式中获益的。在提及精益价值流时，绝大部分人往往都倾向于关注内部流程。可是一个特定产品的完整价值流横跨多个不同组织。在这种情况下，产品总成本中的绝大部分都取决于供应商流程，这一点在典型的精益生产实施中几乎没有涉及。对于许多精益生产商而言，这是他们失败的主要原因。当今降低供应链成本最流行的方法就是从本地供应商转向海外供应商。这么做虽然表面上看似降低了单件产品成本，但并没有实质性的改善。因为在降低单件产品成本的同时还增加了额外的库存及其他的浪费。因此，全面降低供应链成本的精益化解决方案是把精益原则以系统的方式实施到全局供应链中。本书营造了一条完整精益供应链的全面实施指南。从规划到实施，一步步地讲解如何把精益化扩展到全局供应链中去，介绍了绘制广域价值流、绘制内部价值流、流程改善、外包策略、供应商评估和整合精益供应链中的相关供应商的大量方法。本书在介绍价值流分析的理论、方法和工具的同时，详细介绍了 EVS 公司及其供应商的精益价值流改善，有很强的可读性和实践借鉴意义。希望读者喜欢阅读此书。

任建标

上海交通大学管理学院运营管理系

2008 年 2 月 8 日

目　录

内容简介

许多组织都从实施企业内部的精益生产方式中获益。在提到精益价值流时，绝大部分人往往都倾向于关注内部流程。可是一个特定产品的完整价值流跨越了多个不同组织。在这种情况下，产品总成本中的绝大部分都取决于供应商流程，这一点在典型的精益生产实施中几乎没有涉及。对于许多精益生产商而言，这是它们失败的主要原因。

当今降低供应链成本最流行的方法就是从本地供应商转向海外供应商。这么做虽然表面上看似降低了单件产品的成本，但并没有实质性的改善，因为在降低单件产品成本的同时还增加了额外的库存及其他浪费。因此，全面降低供应链成本的精益化解决方案是把精益原则以系统的方式应用到全局供应链中。我感觉市场上缺少营造一条完整精益供应链的全面实施指南，因此决定着手编写这本《价值流管理：面向全局供应链的精益方法》。

《价值流管理：面向全局供应链的精益方法》把精益生产扩展到全局供应链。在本书中，我将通过一些改善广域价值流的案例来证明这样做的几大优势：

- 利润增加。
- 缩短交付期（lead time）并降低库存。
- 更好的品质保证。

随后，我会从规划到实施，一步步地介绍如何把精益化扩展到全局供应链中去。最后我会告诉读者一些保持成功并持续改善的行之有效的方法。本书涉及的方法有：

- 广域价值流图。
- 内部价值流图。
- 流程改善。
- 外包策略。
- 供应商评估。
- 整合精益供应链中的相关供应商。

本书的组织结构

《价值流管理：面向全局供应链的精益方法》将教会您如何把精益生产延伸至全局价值链，从根本上扩大精益生产的优势。本书涉及的每种方法都包含了一个虚构的生产组织 EVS 公司为对象的案例。

本书分为三个部分：

1. 精益广域价值流的规划与分析。
2. 精益供应链的实施（这是本书的核心部分，包括 6 章）。
3. 持续改善精益广域价值流。

第 1 章简要回顾了精益生产的工具、优势及实施的时间表，随后给出了把精益化优势延伸至整条价值流的一个案例，使您全面了解实施的各个步骤。

第 2 章和第 3 章包含了绘制广域价值流的方法。第 2 章将告诉读者如何运用广域价值流图来分析当前价值流。本章首先讨论开始的几个必要步骤，随后将介绍辨认及选择价值流的方法，并在此基础上给出如何一步步绘制当前状态的方法。第 2 章最后将讨论当前状态分析中所使用的各种度量方法。

第 3 章将教您如何营造一条精益广域价值流。本章将详细探讨以下各个元素：交付期及周转时间、库存水平、信息流以及运输。随后将描述利用未来价值流图来营造一条精益广域价值流的步骤。本章最后将告诉读者如何制定实施精益广域价值流的计划。

本书的第二部分（实施部分）以第 4 章为首。在同样对 EVS 的案例进行分析后，第 4 章描述了需要外包的具体情况以及如何为广域价值流开发和实施一个全面外包策略。

第 5 章列出了如何评估现有及潜在供应商的具体步骤，其中包括成功的供应商选择所必需的财务及非财务的度量标准与审计方法。

第 6 章将教您如何与供应商建立有效的工作关系。该章将描述买方与供应商的角色与责任，以及建立有效合同的技巧。

第 7 章描述了在开发精益广域价值流中所使用的主要流程改善工具。该章首先说明了如何在供应商处使用门到门（door-to-door）的价值流图来规划流程改善。

第 8 章描述了包括 5S、快速换模技术、流程改善与统计分析、详细的流程图以及全员生产维护在内的各种流程工具。

第二部分的最后一章即第 9 章给出了 EVS 的另一个详细案例，并描述了利用改善活动及其他技术一步步实施的具体方法。

第三部分包括第 10 章和第 11 章，包含了维护及改善精益广域价值流的方法。第 10 章说明了维护精益广域价值流的方法，详细描述了有效供应商关系的关键要素，随后介绍了如何逐步落实这些关键要素。

第 11 章描述了如何持续改善广域价值流。本章概述了供应商参与流程设计的方法以进一步强化精益广域价值流的成本优势，然后探讨了通过利用供应商园区以及其他方法（如集中办公）来降低运输浪费。

本书为营造一条精益价值流提供了从规划、实施到持续改善必要步骤的指南。让我们一起翻到第一页开始学习吧。

第一部分

精益广域价值流的规划与分析

Part 1

第1章

精益及广域价值流

1.1 精益生产概述

我们无法否认精益生产或“丰田生产方式”的力量。丰田公司已经证实了其运营的有效性。杰弗里·莱克（Jeffrey Liker）在《丰田汽车案例》（*The Toyota Way*）① 一书中指出，丰田公司在2003年81.3亿美元的年利润是行业平均水平的8.3倍，并且了超过前三大汽车公司的总盈利数。丰田汽车在质量排行中始终位于最高水平，同时拥有世界上最短的产品开发周期。丰田被视为一家在行业中拥有最优质量、最高生产率、最快生产速度及最具柔性的公司。

合理实施精益生产能带来以下优势，并将为组织显著增加现金流及运营利润：

- 降低库存及交付期。
- 提高生产率及质量。
- 提高客户总体满意度水平。
- 增加员工参与度，增强士气，改善企业文化。

精益的五项原则

精益型组织通过使用一套工具及原则来消除浪费或不产生价值的活动以取得上述优势。它们营造了一种持续改善的企业文化，在

① *The Toyota Way*. Jeffrey K. Liker. McGraw-Hill, 2004, pp. 4-5. 该书简体中文版由中国财政经济出版社于2004年出版。

这种文化的引导下，这些组织使用了精益工具来消除浪费及浪费的源头。在沃麦克和琼斯所著的《精益思想》（*Lean Thinking*）① 一书中定义了精益的五项原则：

1. **确定价值**。流程始于客户（而不是工厂经理或工业工程师）。客户确定价值。假如客户愿意为某件产品付费，那件产品就有价值，反之，则是一种浪费。
2. **识别价值流**。在明确地识别出价值后，价值流也就能够确认了。价值流是将产品从原材料转化为客户手中成品的过程中所有的必要活动，其中包括物料流和信息流。
3. **使价值流动起来**。在价值流图模型中，在所有适用的情况下都实施一个流。
4. **让用户的需求拉动价值流**。在一个流不适用的情况下使用拉动系统（如用拉动系统来控制批量生产流程或工厂间的流程）。
5. **追求完美**。在使用价值流图方法制定实施规划后，使用流程改善来消除浪费并获得持续改善。

制造过程中的七种（加一种）浪费

丰田前总工程师大野耐一（Taiichi Ohno）大力推广丰田生产方式，并发现了制造过程中的七种浪费：

1. 过量生产。
2. 运输。
3. 不必要的库存。
4. 不恰当的工艺。
5. 等待。
6. 过度移动。
7. 次品。

所谓第八种浪费通常被认为是一种人才的浪费（员工的知识未

① *Lean Thinking*. James P. Womack and Daniel T. Jones. Simon & Schuster, 1996, p. 10.

被充分利用)。企业应通过营造一种组织内所有员工都参与精益化转变过程的持续改善的企业文化来杜绝第八种浪费。虽然高层的积极参与是彻底实施精益的必要因素，但是精益并不仅仅是管理层的活动，全体员工参与实施过程是非常重要的。

使用流程改善工具能够从车间开始就消除这些浪费。在一些团队专注于花3~5天来改善某个领域的改善活动或持续快速改善中经常会使用这些工具。下面简要介绍下一些关键工具。

5S改善系统

5S意味着在工作场所仅仅放置必要的东西，每件物品都放在指定位置，按规范的方式做事以及维持5S的方法。这个方法首创于日本，5S分别代表了seiri、seiton、seiso、seiketsu以及shitsuke。把它们翻译为中文，意思分别为：

1. **整理**（seiri）。将目前生产中不必要的物品从工作场所中清除。
2. **整顿**（seiton）。安排必要物件的位置，使其易于寻找和整理。经常使用的物品按照就近原则摆放。
3. **清扫**（seiso）。保证工作场所所有东西都干净整洁，能够随时被使用。
4. **清洁**（seiketsu）。开发并按照一种方法维持前面的3S。
5. **素养**（shitsuke）。培养一种习惯和文化来合理保持正确步骤。

5S系统是在精益转化过程中使工厂内的员工能够在早期就参与到精益生产中的有效方法。实施与维持5S同实施与维持精益需要同样类型的方法，因此，5S也被认为是精益的基础工具。我们经常把5S称为精益基础的五大支柱。

SMED/快速换模方法

为了实现“一个流”，制造商必须降低其产品转换的时间。由新乡重夫（Shigeo Shingo）博士创立的快速换模系统（single minute exchange of die，SMED）通过以下三步法来降低换模时间：

1. **分离内外部操作**。首先把工序中的各个步骤分解并归类。外部操作（external setup）包括那些在机器外完成的步骤（如寻找工具），而内部操作（internal setup）则包含了在机器内部完成的所有步骤。
2. **在可能的情况下把内部操作转化为外部操作**。
3. **从各个方面简化操作步骤**。详细分析内部操作步骤并对此进行改善和优化。

尽管上述三步法起源于使用大型金属冲模设备的汽车行业，但实践证明，该三步法对于使用任何设备的任何行业都行之有效。

一个流（也称为连续流）制造单元

为推动一个流（one-piece flow，有时也称为连续流）的形成，我们提出了制造单元的概念。建立一个流制造单元包括分析和设计制造步骤、客户需求、设备、人员配置以及实际场所布局。这么做的目的是营造一种连续流的氛围。在这种氛围中，原料在增加价值的步骤中逐个流转，而不存在在制品库存的现象。一个流并不是真正严格意义上要求一次生产一个单位产品，在很多情况下，一次生产一小批产品我们也称之为一个流。

真正实施一个流要比乍看起来难得多。许多已建立的制造单元并没有实现连续流，而为实现一个流，制造单元的大部分改变仅仅只是布局上的改变。也就是说除了机器的位置发生改变外，其他什么都没有改变。但是，单单靠布局上的改变是不能够营造连续流的，因此非常重要的一点是还需同时将一个流的培训与分析和实施结合起来。只有拥有了制造单元规划系统和审核系统，正确实施才能确保标准化工作的持续进行。

拉动系统

拉动系统（有时称之为看板系统）被用来控制仓库库存以及上游的批量生产。在利用传统的物料需求计划（MRP）系统规划工厂生产时，每个生产领域都独立制定计划。客户订单与实际工厂生产之间、一个生产区与其下游流程的需求之间都没有任何联系。在精益生产中，拉动系统能够修正这一问题，所有项目都按照实际消耗量而不是预测来制定生产计划。

看板起源于日语，意思是布告板或牌示。一个看板信号通常是一张卡片，是零部件从仓库取出或生产零部件的指令。因为只有当给出信号时才会生产或移动零部件，所以拉动系统可以防止过量生产或过量库存。审核系统作为实施的一个部分应该正式被建立。通过审核不仅可以确保系统中看板的合理数量，还能确保标准化工作的实施。

全员生产维护

通过全员生产维护（total productive maintenance，TPM）可以增加机器正常运行时间。如果能够确保设备在所有时间都得到恰当的维护，组织就能够消除库存并保持工作的连贯性。在 TPM 中，操作员、工程师以及维护人员一起形成一个工作团队，确保持续的维护并消除所谓的“六大损失”：

1. 机器故障损失。
2. 设备启动和调整损失。
3. 机器闲置及出现小故障损失。
4. 速度降低。
5. 次品及返工损失。
6. 启动/产量损失（即机器启动与平稳运行时相比减少的产量）。

TPM 的主要衡量标准是设备综合效率（OEE）。在实施 TPM 后，OEE 会得到显著提升，这将直接明显地提高同样一套设备的生产效能。

流改善

价值流改善，有时也被称为流程层面的改善，是在流程改善中识别并规划机会的一种工具。经常会犯的一种错误是把价值流图（value-stream mapping）误认为是流程图（process mapping）。在流程图中仅需把所有的流程绘制出来即可，而价值流图则需把特定价值流的信息及产品流都包括在内。价值流图是以下面的方式绘制的：我们能清晰地图示出目前状态，并根据一个可度量的目标规划和实现未来状态。价值流图的主要目的是缩短交付期。

价值流图在美国流行开来之前，企业在使用流程改善工具时往往会在很大程度上忽视这些工具对整体价值流的影响。这样，即使在单个领域中取得成功，整体价值流的显著改善作用还是无法得到验证。价值流图使得组织能够在流程改善中找到关键区域，跟踪、度量并最终验证流程改善的实际效果。

1.2 广域价值流改善案例

价值流绘制已经被许多组织成功运用于规划并识别内部改善机会。可是许多采纳精益的公司还没有考虑改善广域价值流。**广域价值流是指从原材料到终端客户过程中的物料流和信息流，涉及供应商、客户及工厂设施等方方面面。**

为什么一个组织需要分析并改善其广域价值流呢？许多组织在制造过程中通过外包的方式采购相当比例的产品。据外包专家迈克尔·考比特（Michael F. Corbett）的分析，62%的公司外包生产零部件，14%的公司正在考虑外包①。由于大部分特定产品的价值流内都包含了供应商组织，所以对价值链整体成本降低而言，改善包含供应商组织在内的整条价值流与逐条改善单一价值流相比，将产生更为显著的效果。这就意味着通过改善广域价值流能使这些组织获得巨大的利益。

举个例子来看，假如你的组织外包所有元件的生产，组织内部仅负责装配工作，与逐条改善单一价值流相比，改善广域价值流将产生更为显著的效果。更为具体地看，我们假设在一条特定价值流中，产品成本的70%是物料成本（即所购元件），广域价值流的改

① *The Outsourcing Revolution.* Michael F. Corbett. Dearborn Trade Publishing, 2004, p. 92.

善将使该组织能够进入原先无法触及的这70%部分。

不对广域价值流加以改善的话，组织的供应商会仍然按照“大规模生产”的模式建立。这种组织与供应商之间所构建的拉动系统其实并不是真正的拉动系统。相反，供应商仍会采用大批量生产模式并持有大量库存，这些成本又被转嫁给客户。大部分公司所采取的方法是通过要求更低的价格来“挤压”供应商，但是，请记住，最终肯定有人会为这降低的采购价格付出代价。这种做法往往会导致较差的质量和不及时送货，有时甚至会导致供应商倒闭。对于客户而言，这显然是非常不利的。而通过改善广域价值流，供应商关系将得到加强，而价值流中各个参与者也都能获益。

1.3 开始扩展精益价值流的时机

向供应商和客户扩展精益价值流的时机取决于组织的商业模式以及大小。一般来说，在公司完成其门到门价值流并实施了最初的精益化后即可拓展精益价值流。

假如组织的商业模式中外包占了制造的很大比例（即物料成本占产品总成本的很大比例），则应于实施最初精益化后，尽早扩展精益价值流。比如可在组织开始实施精益化1~2年后进行扩展，具体时间取决于组织的大小。

假如组织更偏向于纵向整合，那么可能会在组织开始实施精益化的2~4年后完成精益价值流的扩展。这是因为在这样的组织中实施内部精益化需要花费更长的时间，而且扩展精益价值流带来的收益相对较小。对于纵向整合的组织来说，与其太早扩展改善的范围，还不如继续集中改善门到门价值流。

1.4 实施概述

由于涉及组织外人员，所以扩展精益价值流要比内部实施精益化更加复杂。在接下来的几个章节中我们将告诉您如何有效扩展精益价值流。在广域价值流中成功实施精益化将有效缩短交付期，降低总成本。以下描述了具体实施的八个主要步骤。第一步至第三步都是规划的步骤，第四步至第八步则包含了实施和维持成功的相关步骤。图1.1及图1.2画出了这些步骤，我们在本章中会简要介绍一下这些步骤，在本书的其他章节将详细讲解各个步骤。

图1.1　扩展精益价值流：第一步至第三步，规划

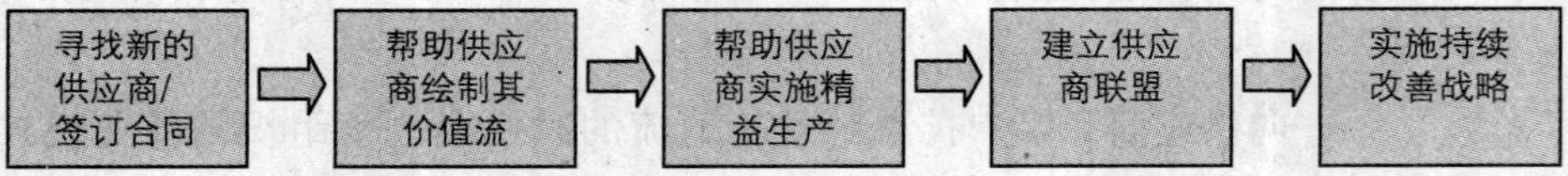

图1.2　扩展精益价值流：第四步至第八步，实施

第一步：绘制价值流

首先找到价值流并选择一条价值流准备加以改善。接着绘制当前广域价值流：将广域价值流中的物料流与信息流体现出来。随后绘制未来价值流，大约能通过12个月的不断改善达到该价值流所显示的物料流和信息流目标。

对于未来价值流中的每一项都制定一个实施计划。该计划包含以下内容：

- 为达到未来状态需要完成的项目。
- 每个项目的完成期限。
- 每个项目的负责人。

当然，组织还可以绘制一条24个月的未来价值流。

第二步：定义核心竞争力

在绘制未来状态图及规划实现该目标的过程中，一部分工作是分析核心竞争力。对当前广域价值流具有感性上的认识将有助于区分内外部流程。第4章至第6章将分析区分内外流程的最好方法。

第三步：开发一个方案

第三步是基于未来价值流的绘制、实施计划以及核心竞争力的分析来规划一个实现未来目标的外包方案。以下是具体步骤：

- 首先，选出打算以后继续保持业务往来并计划与之形成长期合作关系的主要供应商。
- 其次，对选出的供应商进行再次筛选。基于现有供应商的合作关系及排名可以制定这些关键决策。同时，制定决策时还应该考虑供应商是否愿意采纳精益生产。
- 随后，规划外包方案。匹配供应商与组织外包业务。列出组织内不能由现有供应商完成的所有业务并为之制定寻找新供应商的方案。最理想的状态是新的供应商也正在实施精益生产。

第四步：寻找新供应商并与新老供应商签订合同

基于外包方案，接下去就是寻找新的供应商。在未来价值流目标、需要建立的供应商关系类型以及组织商业需求的基础上，组织需要开发出一套应用于潜在未来供应商中的标准。在完成供应商选择后，与价值流中的新供应商及现有供应商签订恰当的协议（即合同）。

第五步：与供应商/客户一起绘制门到门价值流

这才是精益化实施正式开始的阶段。为了达到第一步中未来价值流图的要求，需要在车间及信息流层面进行改善。应该清楚绘制出与每一位关键供应商和客户的价值流图。

第六步：与供应商/客户一起利用流程改善实现其未来状态规划

在完成门到门价值流完善后，供应商和客户将一起着力于实施方案。此时将会用到诸如制造单元、5S、快速换模以及全员生产维护在内的一些流程改善工具。

第七步：为维持、改善并扩展精益生产建立供应商协会

建立一个供应商协会。不同于其他的供应商协会，该协会将鼓励精益化思维方式并推动持续改善。该供应商协会包含了所有的价值流和供应商，将被用来扩展整个价值流体系。

第八步：寻找供应商持续改善的创新方法

这一步骤能够在两个方面再次改善供应链：首先，通过聚集所有供应链流程，能够融合外包与纵向整合的优势；其次，供应商参与产品设计过程能够提高所设计产品的可生产性。

接下来，让我们以一个虚拟公司 EVS 为例，看看它是如何向其供应商扩展精益生产的。

案例研究

EVS 公司及其供应商

EVS 公司坐落于加利福尼亚的圣地亚哥（San Diego），主要生产电子测试设备。公司是一个纵向整合的组织，成立于 20 世纪 80 年代中期。公司自己生产设备中的大部分元件，组装设备的配件，并对最终产品进行组装与调试。

到了 20 世纪 90 年代，随着最终产品越来越复杂，为了降低成本，公司管理层决定先外包生产设备元件，以后逐渐外包配件。尽管公司非常努力，但成本还是没有降下来。到了 2001 年，由于经济衰退，电子行业尤其严重，公司不得不缩减规模。此

时，EVS 正式考虑采纳精益生产。

公司于 2002 年开始实施内部精益生产。随后的两年中，公司在不增加人力成本的情况下实现了业绩增长。同时，制造成本也在不断降低，但降低的速度较慢。

2003 年底，EVS 组织中分管制造的副总参加了一个会议。在该会议中他知道了应该把精益生产扩展到供应商和客户。这位副总意识到，对于典型的 EVS 产品来说，80% 的成本是物料成本（即采购部分），因此实施广域精益价值流将使 EVS 大为受益。

EVS 现有超过 100 个供应商，其中主要供应商（其供应量占到以美元结算的供应总量的 80%）列在表 1.1 中。

表 1.1　EVS 公司的供应商

供应商名	向 EVS 公司供应的产品
Electro-Mechanical 装配公司，加州圣地亚哥	各产品线的主要机电配件，Electro-Mechanical 装配公司向 EVS 提供 40% 的部件
San Simeon 装配厂，加州洛杉矶	各产品线的主要机电配件，San Simeon 装配厂向 EVS 提供 45% 的部件
Trotsky Metals 公司，新泽西州纽华克	各产品线的机械元件，Trotsky Metals 公司向 EVS 提供 50% 的机械元件。其中大部分运输到 Electro-Mechanical 装配公司用于配件生产
GTX 制造公司，加州卡尔斯巴德	各产品线的机械元件，GTX 公司向 EVS 提供 20% 的机械元件。其中大部分运输到 Electro-Mechanical 装配公司用于配件生产
Al's 加工厂，亚利桑那州菲尼克斯	各产品线的机械元件（真空环），该供应商是该产品的唯一生产商。EVS 的运营团队相信该元件只能由 Al's 加工厂组织生产。EVS 的装配单元直接使用该机械元件
Joe's 加工厂，俄勒冈州波特兰	各产品线的机械元件，Joe's 加工厂向 EVS 提供 10% 的机械元件。EVS 的装配单元直接使用该机械元件
Electronics 公司，加州洛杉矶	各产品线的电子配件，Electronics 公司向 EVS 提供 50% 的电子配件。其中大部分运输到 Electro-Mechanical 装配公司或 San Simeon 装配厂用于配件生产

在本书中，我们使用 EVS 公司作为一个案例分析每个实施步骤。尽管情况各有不同，而且 EVS 公司可能与您的组织也毫无类似之处，但是本书中所运用的原则及方法却可以被运用到任何行业中去。为了帮助您根据公司实际情况选用恰当方法，本书还给出了如何应对特殊情况的例子。第 2 章将开始规划流程的第一步——为组织绘制广域价值流。

1.5 本章关键点小结

在降低库存及缩短交付期、提高生产率及质量、增加消费者满意度以及提高员工士气和参与度等方面，精益生产已被证实是一个有效的体系。精益组织通过使用一套工具与方法消除浪费及无附加值的活动来取得上述优势。这些组织所使用的工具包括价值流图、5S 系统、一个流、制造单元、看板及拉动系统、全员生产维护以及快速换模系统。

向供应商扩展精益生产的好处

通过使用这些工具，许多组织都实施了精益生产，获得了内部精益价值流。对于当今大部分组织高度外包的商业模式，扩展精益生产能够有效放大实施内部精益生产的好处。在整条供应链上实施精益生产有两个主要原因：

1. 假如特定产品的价值流主要是由供应商而不是内部完成，对于降低价值流总成本而言，改善整条价值流要比单单改善门到门价值流更为有效。
2. 如果不对广域价值流进行改善，组织的供应商仍将采用大规模生产模式，最终导致供应商无法向精益生产的客户提供满足其质量、价格、数量及时间期限要求的产品。换句话说，没有实施精益生产的供应商无法顺利地向已实施精益生产的客户长期供应产品。

向供应商及客户扩展精益生产的时间取决于组织的商业模式及组织的大小。总的来说，在公司完成门到门价值流及最初的精益实施后就应该扩展精益生产。如果说组织的商业模式是高度外包的，那么在开始实施精益生产的一至两年后就应尽早向供应商扩展精益生产。而对更倾向于纵向整合的组织而言，应稍后扩展精益。

向供应商扩展精益：8个关键步骤

扩展精益生产的关键步骤如下：

1. 绘制广域价值流。
2. 定义核心竞争力。
3. 规划实施方案。
4. 寻找新供应商并与新老供应商签订合同。
5. 与供应商及客户一起绘制门到门价值流。
6. 与供应商及客户一起利用流程改善实现未来状态规划。
7. 为维持、改善并扩展精益生产建立供应商协会。
8. 通过与供应商集中办公及供应商参与产品设计，寻找持续改善的创新方法。

1.6 应用于您的组织中

请回答以下问题：

1. 您的组织目前位于实施精益生产时间表的哪个阶段？

2. 您的组织采用哪种类型的商业模式？是高度外包、纵向整合，还是位于中间状态？请您考虑以下问题，这将有助于您回答前一个问题——在您的典型产品中物料成本与内部劳动力成本的比率是多少？

3. 对于您的组织来说，何时开始向供应商扩展精益生产较为合适？

第 2 章

绘制当前广域价值流

2.1 准备工作

正如第 1 章中所阐述的，价值流图能使组织在流程改善过程中找到恰当的领域，并能跟踪、衡量及证实流程改善的有效性。局部改善并不能被证实给公司带来最根本的利益，价值流图则不同，它能有效地改善整个系统，使整体交付期大大缩短。

本章将介绍如何绘制广域价值流的当前状态图。为清楚地识别价值流，首先需要充分理解以下三个问题：

1. 什么是价值？
2. 什么是价值流？
3. 价值与价值流的重要性是什么？

下面让我们一起来回答这三个问题。

第一，价值是指在客户看来一件产品值多少钱。

第二，价值流是把产品交给客户前所需要完成的全部活动，其中包括信息流和物料流。在价值流中，有些行为创造价值，而有些行为不创造任何价值。创造价值的活动是那些能带来附加值、改善产品的活动，比如把一块木头制造成一件家具就带来了附加价值。客户愿意为一件家具支付的钱要比愿意为等量木头所支付的钱多得多。因此，制造行为就创造了价值。

相反，在客户眼中那些不创造价值的活动不会给产品增加任何价值。这些活动都会导致第 1 章讨论过的“七种浪费”中的一种或几种。仍以前面的家具为例，假如家具在运给客户前搬运至仓库，并在那里存放了几个月。对于客户来说，把家具运往仓库存放并没有增加产品价值（尽管客户最终需要为那些不产生价值的活动付费）。

在不创造价值的活动中，有些由于现有技术或物流条件而无法避免，有些却能通过短期改善而有效地消除。举例来说，假如一个组织有几座分散的厂房，没有一座厂房达到足够规模能够独立生产一种完整的产品，因此组织在生产过程中需要把产品从一座厂房移至另一座厂房。显然，这些活动不能产生价值，但是由于现有条件，在短期内无法有效消除这些不创造价值的活动。此时，组织可以通过改变生产顺序或厂房布局来有效降低在不同厂房之间的运输次数。

注射成型过程是个受技术条件限制的例子。注射成型设备在设计上更多地考虑了批量生产。尽管有可能缩短换模时间并缩小批量规模，但是还是无法一次完成一个单元产品的全部生产。在这样的情况下，注射成型设备将产生不创造价值的在制品（work-in-process，WIP）库存。由于技术条件限制，注射成型的在制品库存是不可避免的，这个例子很好地说明了一些流程不能创造价值但仍然有必要存在。金属冲压设备是另一个相似的例子。图 2.1 说明了如何评价一种活动是否创造价值，以及假如不创造价值又该对此采取什么措施。

第三，我们一起来看一看价值流的重要性。价值流中只有极少一部分等待时间是创造价值的，大部分等待时间都不产生价值。消除那些不产生价值的活动非常重要，因为这对提高利润有极大的作用。精益价值流能带来更短的交付期、更少的库存、更低的产品成本、更高的质量，并能更快更及时地响应客户需求。所有这些都为组织带来了更高的绩效。

图 2.2 说明了转换为精益生产后是如何缩短交付期的。通过消除不产生价值的等待时间，总交付期可以明显缩短。交付期大致等于系统的库存量，比如从原材料到终端客户间存在着 100 天的库存，那么大致也就需要 100 天的交付期。假如交付期能够缩短一半，那么库存也就可以减少一半，最终能显著降低成本。事实上，库存持

有成本通常至少占年总成本的 20%。假如库存能够从 200 万美元降至 100 万美元的话，将意味着每年至少可以节省 20 万美元的总成本！

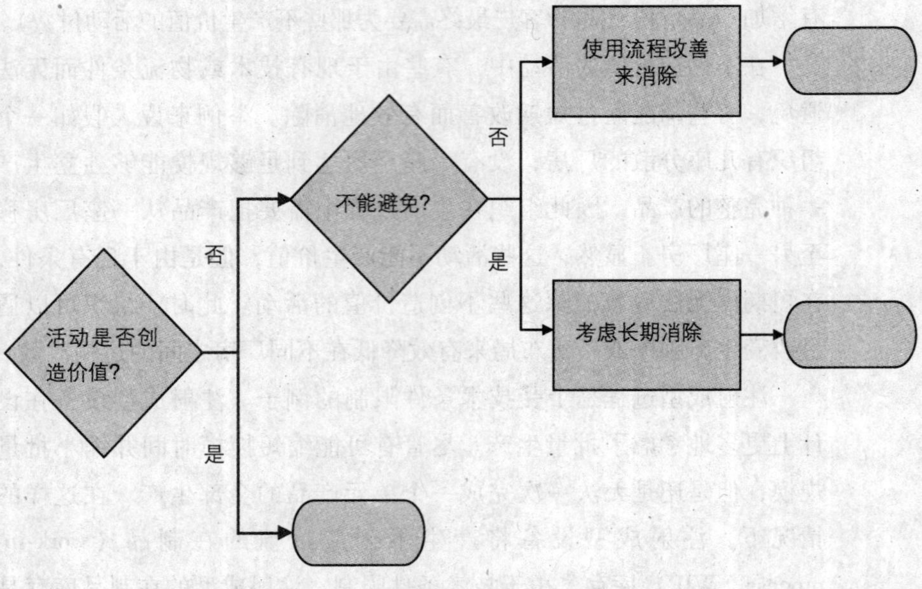

图 2.1　评估价值流活动

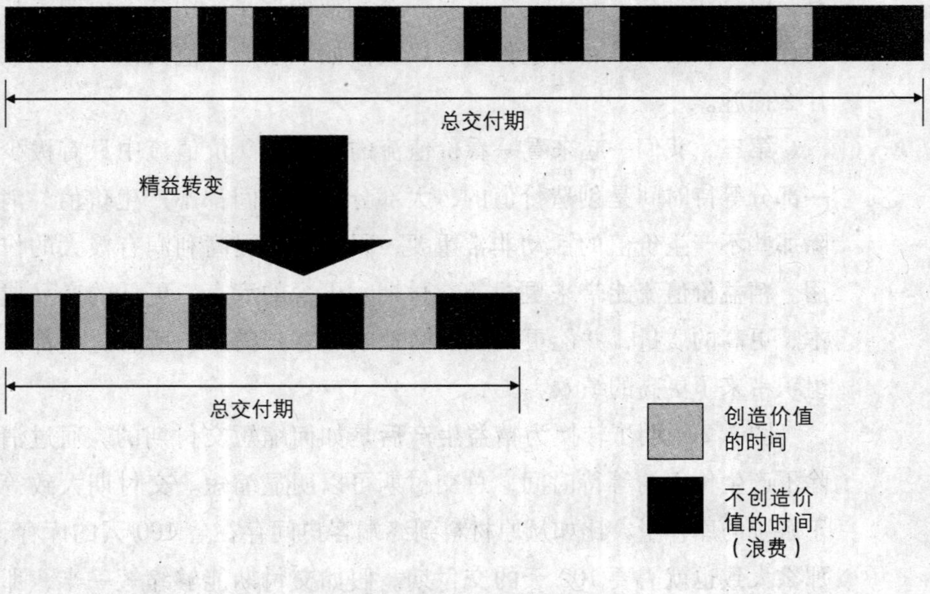

图 2.2　精益生产转换

2.2 识别并选择价值流

在组织中识别价值流该从何处着手？您可以按以下三个主要步骤去做：

1. 根据产品类别将产品分类。
2. 选取其中的一个产品或一个产品类进行分析。
3. 从客户到原材料反向追溯价值流。

让我们详细看一看上面的每个步骤。

第一步：产品分类

为产品归类通常是一个简单的过程。按照表 2.1 的形式，在最左列列出所有产品，最上端列出所有流程/设备。然后在每个空格中填上“×”表示某件产品使用了某个流程。这样就可以看出按流程进行的分类。比如表 2.1 中的产品 A 与 C 就属于同一个产品类别。尽管可能还需要进行一些小的调整，但这种方法能够使您识别出产品类别。

表 2.1　流程产品矩阵

	流程步骤					
产　品	1	2	3	4	5	6，7，8，…
A	×		×	×	×	
B		×	×		×	
C	×		×	×	×	
D		×	×		×	
E，F，G…						

在有很多制成品零件的情况下，可以充分利用类似于表 2.1 的形式来进行分析。例如航空业的一级供应商往往会有数以千计的制成品零件，在这种情况下价值流可能不太明显。在其他较为简单的情况下，通常产品类别与价值流都较为明显，能大大降低产品类别

分析的工作量。

第二步：选择进一步分析的产品类别

我们在选择首先被分析的产品类别时要重点关注组织所处的商业环境。以下是需要考虑的一些标准：

1. **带来最大收入的产品**。这对组织的根本改善将产生最大影响。
2. **产量最高的产品**。
3. **次品率最高的产品**。尽管这么做可以在很大程度上降低成本，但是证实改善高次品率价值流的作用要比证实改善平均次品率价值流的作用花费更长的时间。这是因为在达到一个流之前必须营造一个稳定的流程。
4. **客户退货率最高的产品**。同高次品率产品一样，经常遭到退货的产品需要花费相当长的时间以进行进一步改善。所以这些产品也不是最初价值流分析的最优选择。
5. **工序最多的产品**。您将发现对一个产品的价值流分析所做的大多数改变能够被再次运用于其他许多产品和产品类别。第一张价值流图的绘制花费的时间往往最长，而越到后面就越容易了。

最初选择的价值流能产生较大影响并有很大的成功几率，这一点是非常重要的。只有这样才能为以后产品线和价值流的扩展积聚充足的动力。

第三步：对产品流进行最初的简要回顾

进行最初的简要回顾时，记得从客户端着手，反向进行，同时考虑列在专栏 2.1 中的问题及事项并进行记录。

专栏 2.1　简要回顾产品流时需要考虑的问题及事项

1. 考虑价值流中客户订单的传送及签收。信息是如何从客户传输到第一级供应商，又是如何从第一级供应商传输到第二级供应商，等等。

2. 考虑客户订单与车间生产活动之间的关系。每个生产区是如何知道应该生产什么的？进行广域价值流分析时还需要考虑在一条广域价值流中，关键供应商是如何组织生产的。
3. 考虑产品何时开始真正为终端客户定制？答案可能是最后的装配、包装或运输区。但是也有很多其他可能。定制可能在更上游就已经发生，比如在油漆过程中按照客户指定的颜色进行喷涂。
4. 考虑订单是如何在价值流中传递的。上游供应商是如何知道应该生产什么的？采购部门如何知道应该订购什么？是不是一切都按照物料需求计划（MRP）来执行的，或是有什么其他形式的信号？
5. 考虑从供应商到上游流程的物料供给。供给的频率如何？如何供给？
6. 考虑产品从组织运往客户处的频率及方法。运输产品的频率如何？

考虑了以上全部问题后，您就能较容易地识别价值流，并对其有一个初步了解。不论您是绘制一条广域价值流还是一条内部价值流，辨识价值流的过程都非常相似。

在广域价值流中，由于与供应商的距离往往很远，要真正实地考察整个流程几乎是不可能的。因此，您只需要通过与主要供应商召开电话会议，询问以上每个问题的答案即可（即虚拟考察），而不需要实地考察。无论是虚拟考察还是实地考察，您的目的都是开始思考整个流程是如何进行的。这些信息将被用于以后绘制当前状态价值流图。我们的目的并不是要获取精确的数据或研究解决方案，而是要绘制价值流图。

下面我们来看看 EVS 公司是如何按照这三个步骤识别、选择价值流的。

案例研究

EVS 公司如何识别、选择价值流

EVS 公司有超过 300 种不同的制成品零件，但公司管理层觉得其价值流绝不可能有 300 条。表 2.2 展示了 EVS 公司的部分价值流识别矩阵。

注：工作站的编号用 CXY 表示，其中 X 表示制造单元编号，Y 是制造单元工作站的字母编号。

通过表 2.2 的分析我们可以看出，EVS 有三条价值流：

- 4400A-Q（其中包括 4400 和 4400A-Q）
- 4400XYZ
- 7700

由于 4400A 与 4400B 占了总销售收入的很大比率，EVS 决定选择分析 4400A-Q 价值流。事实上，在 EVS 绘制公司内部价值流图时就已经做过类似分析了。

为了把精益生产的思维扩展到供应商处，EVS 公司不得不重新考察价值流。EVS 通过与主要供应商代表会谈来了解供应商的流程。这样 EVS 公司对于广域价值流就有了一个初步的了解。

表 2.2　EVS 产品流程矩阵

	工作站													
产品	C1A	C1B	C1C	C1D	C1E	C2A	C2B	C2C	C2D	C3A	C3B	C3C	C3D	C3E
4400	×	×	×											
4400A-J	×	×	×		×									
4400K-Q	×	×	×	×										
4400X	×	×	×	×		×	×	×	×					
4400Y	×	×	×	×	×	×	×	×	×					
4400Z	×	×	×	×	×	×	×	×	×					
7700A										×	×	×		
7700C-M										×	×	×	×	×
7700C-M										×	×	×		×
7700N-Q										×	×	×	×	

EVS 的收获

在完成了回顾产品流需要考虑的问题后，EVS 把其中观察到的部分问题列在下面：

- 信息沟通存在很大的障碍。通过与供应商的沟通，EVS 发现自己与供应商之间的交流效率很低。
- 生产不是由顾客订单驱动的。
- EVS 产品直到整个流程的最后一步（即最后装配及测试阶段）才真正是为客户定制生产的。
- 订单从价值流下游向上游的传输过程效率低下，并可能造成库存严重过量。

EVS 意识到公司存在很大的改善余地。在绘制广域价值流图的过程中，公司将逐渐明了改善的作用，同时更重要的是知道为实现这些改善将来要采取的举措。

在了解了如何识别及选择一条价值流进行分析（以及 EVS 公司如何具体操作）之后，接下去我们来看看应该如何为这条选定的价值流绘制当前广域价值流图。

2.3 绘制当前广域价值流图

建立绘制团队

为绘制广域价值流图，绘制团队中应包含以下涉及当前价值流图的人员代表：

- **工厂主管或运营经理或运营总监**。团队中应该包括一名运营管理层人员，这一点非常重要。该人员也可以成为绘制团队的团队领导。
- **工业工程师或持续改善人员**。有精益生产经验的工业工程师，或从事改善或精益管理的人员，都有助于识别改善机会及实际的绘制操作。
- **精益生产倡导者**。假如组织中有精益生产的倡导者或精益管理部或改善部的负责人，该人员也应参与到首次绘制广域价值流的团队中。

- **主要供应商代表**。团队中应该包含所有主要供应商代表。我们绝不可以仅凭假设就决定供应商组织中的信息流与物料流。稍后，您会在本章中看到绘制当前状态图本身就是一个令人惊叹的过程，尤其是当意识到信息沟通的重大障碍时。
- **主要客户代表**。假如绘制广域图时包含了客户的流程，整个绘制团队就必须有主要客户或其代表的参与。如果说组织的大部分需求来自于一个或两个主要大客户，那就需要它们参与进来。假如客户实在无法参与，绘制团队就应该包含销售部或市场营销部的代表。

尽管一些组织可能不太愿意让供应商及客户参与进来，但是为了全面了解价值流的过程，邀请主要供应商和客户参与还是至关重要的。这么做能够使供应链各方以一种全新的方式重新展开沟通，他们考虑的将不仅仅是价值流的一部分，而是整条价值流。这会激起对改善广域价值流的突破性思维。

绘制信息流与物料流

在开始之前请准备好以下物品：

1. 铅笔和橡皮（画图经常需要修改，所以一般使用铅笔）。
2. 11″×17″的纸张。

从您的客户端开始绘制直到供应商。首先绘制物料流，然后再画信息流。请注意，按照图 2.3 所示，物料流从左向右画在图的底部，信息流从右向左画在图的顶部。

第一步：在右上角画出终端客户。假如有许多客户且这些客户的流程不会被单独分析，那么只需要绘制一个显示每天或每周产品总需求量的小框即可（如图 2.4 所示）。在一些特殊情况下，假如客户数量相当少，就需要把客户名及其相应需求一一列出。除此之外的其他情况用一个小框描述客户信息就足够了。

第二步：建立一个代表您组织自身的流程框。该流程框显示整个组织的情况，包括以下信息（如图 2.5 所示）：

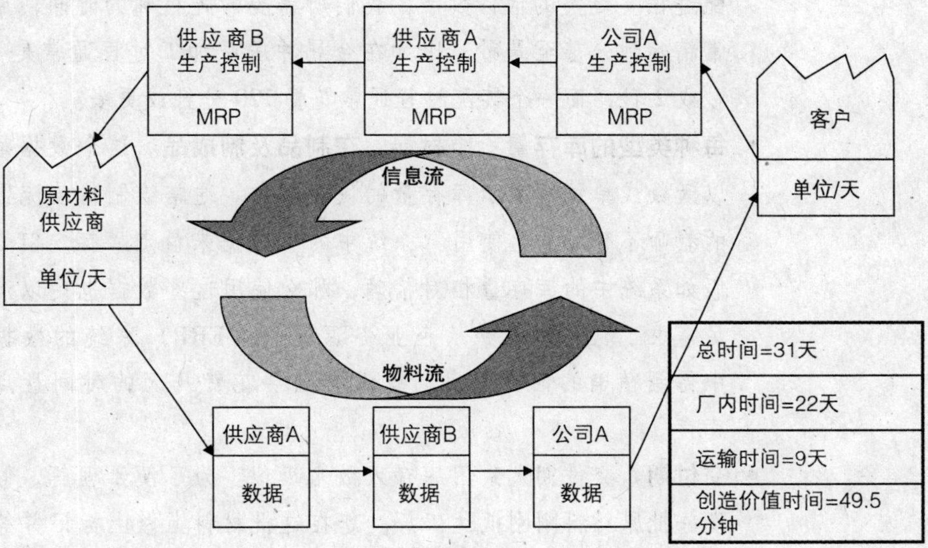

图 2.3 通用当前价值流图

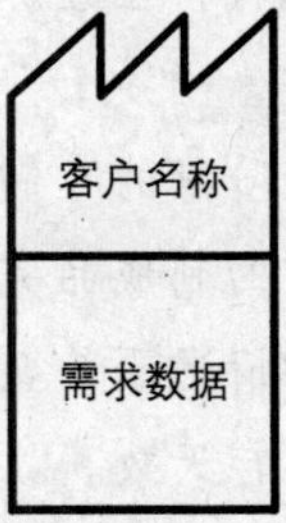

图 2.4 客户或供应商框

图 2.5 广域价值流流程框

- **创造价值的时间（实际操作或加工时间）**。该时间是指产品生产所花费的时间。这不是一个如“大约花一天时间完成装配过程”之类的估计数字，我们所需要的是精确的时间，通常精确到分甚至是秒。比如在金属冲压中加工过程通常是1秒或2秒，而一个装配过程通常花费120分钟或更多。
- **每种类型的库存量：原材料、在制品及制成品**。这个数据是以天数或单位数表示库存量的快速方法。通常绘制价值流图的教师不赞成学生使用“系统中的”数据来盘点库存。但是假如系统中的库存量相对精确，那么使用这些数据也足以满足需求了。假如能够从企业资源计划（ERP）系统的数据中得到精确的估测，我们就没有必要花费几天的时间盘点库存。
- **交付期**。交付期大致用库存天数来近似。为了便于理解，假设一批原材料刚刚抵达工厂。您在这批材料上做上标记并等它完成所有流程，最终作为制成品抵达运输码头等待运输给终端客户。这批材料在经历每道流程前都需要等待该工序的库存首先被用完。首先，所有同类型的原材料需要被用完。然后，每个生产阶段的在制品库存需要加工完成。最后还需要等待所有之前的制成品完成运输前的工序。当然在原材料运转非常有效的情况下，整个过程会大大加快。一般说来平均交付期等于库存天数。
- **运输时间**。通常用天数来表示。一般说来运输时间都是一个近似值或平均数。
- **次品率（通常以首次合格率的形式表示）**。单一流程的合格率可以通过一份独立的系统支持文件获得。这类数据可用于估测产品通过所有生产设备时的无次品率。
- **运营参数**。运营参数应该包括工厂里每天有多少个轮班以及每个轮班每天工作多少小时。

第三步：为将被分析的供应商建立一个流程框。在该流程框中需要包含的数据与第二步中完全一样。但是对需要一系列物料的装配线而言，因为整个流程会有很多供应商，这个步骤可能会出现一些问题。一般说来，这一步应该仅包含主要部件的关键供应商。

比如，假设一个产品需要三个主要部件，这三个部件分别由三家供应商供给，同时产品还需要许多其他元件。在这个步骤中，组织只需要将供给主要部件的三家供应商列在框内即可。把装配线上所有的零部件都绘入图中不仅不现实，而且也毫无意义。

第四步：建立一个或几个框表示原材料供应商。这些框内的信息不必分析。从原材料供应商到客户之间的运输时间是唯一显示的数据。原材料供应商的图标应与客户的图标一致（参见图2.4）。

第五步：开始绘制信息流。绘制框图，分别表示组织自身及每个主要供应商的信息处理部分。通常这些框图代表着生产控制部。在有些情况下，可能存在处理订单的独立组织，并最终把信息反馈给生产控制。这时，请您分别画出这些过程（因为内部信息流程图应该单独绘制，所以这些框图一般都不反映信息处理过程。我们将在本书后面详细探讨）。

第六步：从客户端着手从右向左绘制信息流。这么做可以看出从客户到组织自身、从组织自身到供应商以及供应商之间订单的频率。

第七步：从各个组织的生产控制部门出发，为流程框绘制信息流。这反映了工厂的时间安排。比如供应商的生产控制可以是周计划，然后再根据该周计划给工厂发送每天的生产重点（参见图2.6）。

图2.6　公司生产控制图标

第八步：在价值流图的底部计算以下度量指标：

- 创造价值时间（value-creating time，VCT）。
- 工厂内部时间（in-plant time，LPT）。

● 运输时间。
● 总时间。

绘制时需考虑的问题

请注意，绘制当前价值流并不是一个精确的过程。尽管所需的数据可能并不齐全，您还是应该快速根据已有数据绘制价值流。当前价值流的绘制一般只需几天就能够完成。

通常由于仅收集数据就需花费数月时间，所以绘制部分当前价值流图所需的工作量与绘制一个组织的价值流图所需工作量基本相当。应该使用恰当的工具完成整个绘制过程，并使整个过程尽可能保持简单明了。在公司内部可以使用一套常用的图标，这样员工就能使用公司通用表达方式来阐述他们的观点。

另一个需要考虑的问题是软件的使用。尽管一些精益实施者称手工绘制价值流是最好的方式，但是从长久使用来看，价值流图还是应该用计算机系统绘制。现在有不少绘制价值流的软件，最常用的还是如微软的 Visio 等通用程序。

我们还需要防止花费过多时间使用软件绘图。最经济的做法是手工绘制价值流图，然后输入计算机中使之能更长久地保存。

当前状态价值流图的度量指标：定义与解释

应该为当前状态广域价值流图计算以下指标：

● **创造价值时间**。在价值流中，该指标表示物料或产品发生物理上的变化，同时产生产品附加值的时间。
● **工厂内部时间**。在广域价值流中，该指标表示物料或产品在工厂逗留的时间（并不一定是被加工时间）。
● **运输时间**。在广域价值流中，该指标表示物料或产品在各个组织机构间转移的时间。
● **总时间**。该指标表示从原材料到终端客户之间的总交付期。

总时间＝工厂内部时间＋运输时间

● **创造价值时间所占比例**。

创造价值时间所占比例 = 创造价值时间/总时间 ×100%

- **库存周转率**。该指标是年销售量与平均库存之间的比率，用来衡量库存生产及销售的速度。

库存周转率 = 售出产品成本/平均库存

- **产品运输距离**。该指标表示在广域精益价值流中产品（在各个组织机构间）运输的实际总距离。

下面我们来看一看 EVS 如何绘制当前价值流图：EVS 如何选择绘制团队？该团队如何通过计算 EVS 公司的信息流时间和物料流时间来实际绘图？

案例研究

EVS 公司如何选择绘制团队并创建当前价值流图

EVS 公司将以下人员组成一个小型团队：

- EVS 公司的运营总监。
- EVS 公司高级工业工程师。
- EVS 公司市场及销售总监。
- 供应商 San Simeon 装配厂厂长。
- 供应商 San Simeon 装配厂的工业工程师。
- 供应商 Electronics 公司的工厂厂长。
- EVS 的主要客户（采购代理）。

随后，EVS 就开始为 4400A-Q 产品线（图 2.7）绘制当前广域价值流图。整个绘制过程如下：

第一步：团队从客户及客户需求着手

在右上角（参见图 2.7）列出客户的需求是每天 120 单位产品。其中 80% 的需求来自于国外，剩余 20% 来自于国内。

第二步：EVS 公司绘制自身的流程框

在 EVS 的图中一共有四个主要流程框。在每个流程框中，EVS 列出了创造价值时间（有时也称之为实际操作时间）、交付期（通过把每家工厂的原材料、在制品及制成品库存天数相加得到）、每家工厂产品合格率及组织运营参数（轮班次数）。下面对以上数据进行分析：

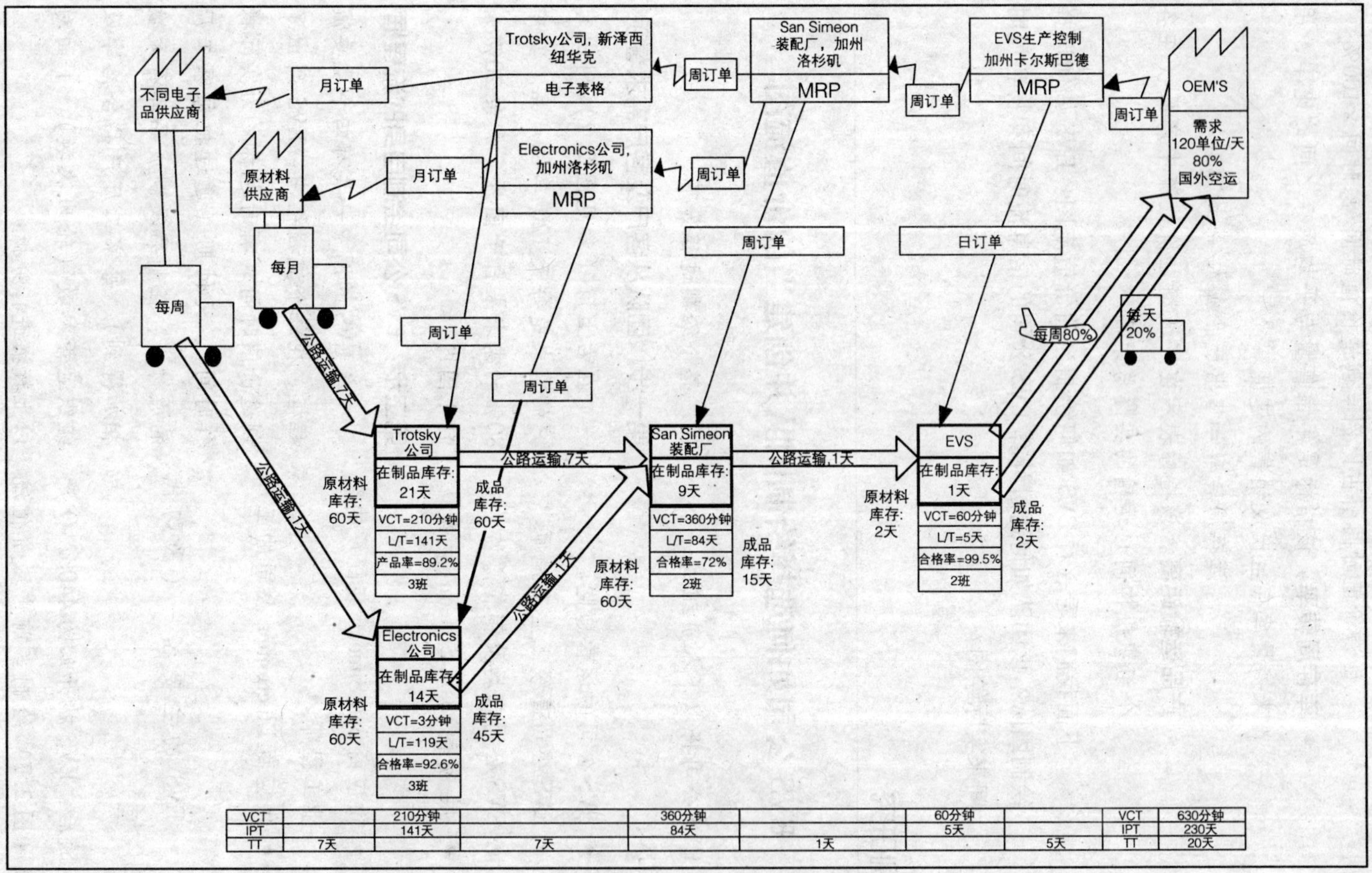

图2.7　EVS当前广域价值流图

EVS公司：

- **库存**。通过观察，绘制团队发现在EVS内存在1天的在制品库存、2天的原材料库存及2天的制成品库存。
- **交付期**。把库存的天数相加(2天原材料+1天在制品+2天制成品=5天)，算出交付期为5天。
- **创造价值时间**。装配及检测过程花费60分钟。
- **产品合格率**。工厂总体合格率为99.5%。
- **轮班次数**。EVS公司工厂有两个轮班。

San Simeon装配厂。该供应商提供所有组件。

- **库存**。绘制团队考察后发现存在60天原材料库存、9天在制品库存及15天制成品库存。
- **交付期**。基于库存天数，整个交付期为84天。
- **创造价值时间**。通过考察流程中的各个步骤，绘制团队发现创造价值时间总共为360分钟。
- **产品合格率**。合格率仅为72%，许多产品需要返工甚至丢弃。
- **轮班次数**。San Simeon装配厂有两个轮班。

Trotsky Metals公司。该公司供应大部分机械元件。

- **库存**。由于Trotsky Metals公司与EVS相隔3000英里，所以绘制团队请Trotsky Metals公司提供相关数据，而没有亲自到Trotsky Metals公司考察。根据所提供的数据，Trotsky Metals公司的库存状况为60天原材料库存、21天在制品库存及60天制成品库存。
- **交付期**。把库存天数汇总得到总交付期为141天。
- **创造价值时间**。基于Trotsky Metals公司所提供的流程中每个步骤机器运转次数，绘制团队发现创造价值时间总共为210分钟。
- **产品合格率**。合格率仅为89.2%，许多产品需要返工甚至丢弃。
- **轮班次数**。Trotsky Metals公司有三个轮班。

Electronics公司。该公司供应大部分电子元件。

- **库存**。经过考察，绘制团队发现有60天原材料库存、14天在制品库存及45天制成品库存。
- **交付期**。把库存天数汇总得到交付期为119天。
- **创造价值时间**。基于流程中每个步骤的机器运转次数，创造价值的总时间为3分钟。

- 产品合格率。合格率为92.6%。
- 轮班次数。Electronics 公司有三个轮班。

第三步：在左上方 EVS 绘制团队列出了原材料供应商

由于 EVS 并不打算分析这些组织或对它们实施改善，所以在价值流图中，绘制团队没有列出这些供应商的详细信息。

第四步：EVS 绘制团队用箭头把每家工厂联系起来

这个过程展示了物料是如何运输的：

- San Simeon 装配厂与 EVS 之间，产品通过陆路实现次日送达。
- Trotsky Metals 公司与 San Simeon 装配厂之间，机械元件通过陆路实现7日送达。
- Electronics 公司与 San Simeon 装配厂之间，电子元件通过陆路实现次日送达。
- 金属原材料供应商与 Trotsky Metals 公司之间需要7天的陆路运输期。
- 电子器件供应商与 Electronics 公司之间需要1天的陆路运输期。这些所谓的供应商其实是电子器件供应商在 Electronics 公司当地的一些分销商。

第五步：EVS 继续绘制信息流

同样也是从客户端出发，EVS 为每家工厂绘制了生产控制框。绘制团队说明了物料流的两个方面：

- 从客户到供应商的物料流（下订单的频率）。
- 从生产控制到工厂层面的物料流（如何安排工作时间表）。

第六步：主要衡量指标都列在价值流图底部

在本案例中，主要衡量指标如表2.3所示。

表2.3　EVS 当前状态价值流图衡量指标

衡量指标	数　值
创造价值时间	630分钟
工厂内部时间	230天
运输时间	20天
总时间（运输+工厂内部时间）	250天
创造价值时间所占比例	0.175%
库存周转率（由 EVS 预先计算）	1.8
产品运输总距离	4136英里

对于整条供应链而言，我们一般很少考虑库存周转率。通过用销售产品成本除以终端库存，可以得到特定组织的库存周转率。同样，我们也可以通过计算得到整条供应量上所有库存的周转率。显然，总库存周转率与内部库存周转率不是一个概念。由于包含了整条价值流参与者的所有库存，所以总库存周转率相对而言数值较小。

EVS如何分析当前状态

表2.3的绩效指标揭示了一些令人深思的现实：

- 首先，尽管EVS实施了内部精益价值流，其产品的广域价值流还是难以称得上精益。创造价值时间仅占总时间的0.175%！
- 其次，EVS的供应商持有大量库存，导致库存周转率仅为1.8。为了实现精益，EVS对供应商提出了及时送货的要求，可是其供应商并没有相应的精益生产来支持这一要求。为了达到EVS的要求，供应商只好持有大量库存。从长期来看，这并不是一个稳定的状态，在该条价值流上供应商的发展有三种可能：
  - — 第一种情况：为了满足EVS要求，供应商不得不持有越来越多的库存，最终导致供应商停业。
  - — 第二种情况：供应商将不得不收取更高的价格以支付额外的库存成本，这将导致EVS利润降低。假如EVS不愿意接受价格的上涨，就需要再去寻找可以“压榨”一段时间的新供应商。
  - — 第三种情况：供应商实施精益生产，降低成本并继续支持EVS的运转。

最后一种情况正是EVS所追求的目标——在整条价值流上实施精益生产，为产品打造一条真正的精益供应链。支持并投资供应商，合力打造一条使每位参与者都能获益的健康的价值链，这才是从长久来看唯一可行的解决方法。

绘制信息流的详细过程

在广域价值流分析中，沟通障碍往往是造成许多浪费的原因。绘制价值流图本身并不能很好地说明存在多少信息处理上的延误。因此，常常通过绘制显示机构间详细信息流的流程图对当前状态图进行补充。一般说来，这些流程图能够：

- 揭示信息流中造成延误的源头；这有助于寻找问题及解决方案，以营造未来的精益生产。
- 使得能够被消除或大大简化的步骤清晰明了。
- 使团队能够量化一些信息流问题，如等待与信息传输等。
- 为头脑风暴（第 3 章中将详述）等提供更多的素材。

信息流的流程图通常可以通过四个非常基本的图标完成，这四个图标分别是：流程、数据、决策及结束。所有支持流程图绘制的软件都可以用来绘制信息流。让我们重新回到 EVS 的案例中，看看他们是如何绘制信息流图的。

案例研究

EVS 公司如何绘制信息流图

图 2.8 展示了 EVS 公司信息流的流程图。

图 2.8 描述了从客户到 EVS 公司再到供应商之间详细的信息流路径。从该流程图上我们可以得到排队时间及信息传输次数等信息。我们按照以下顺序一步步绘制信息流图：

1. EVS 公司的客户通过电话、传真或因特网下订单。这些订单进入一个订单系统，经过平均 7 天的排队时间进入 ERP 系统（订单处理系统是与 ERP 系统分离的）。
2. 订单进入 ERP 系统后就能够进行生产控制了。生产规划人员利用生产均衡柜（heijunka box）来安排装配车间的生产。所谓生产均衡柜是指利用看板的排序与分发来平衡产品的型号与数量的工具。例如，假设客户订购一个4400A产品，代表该订单的看板即进入了EVS内部流程。图2.9画出了EVS的生产均衡柜。在这个例子中，生产单元1将从上午8点到中午12点生产产品4400，随后EVS开始生产4400A-J（看板中会说明产品规格），然后再生产4400K-Q、4400X及4400Y。

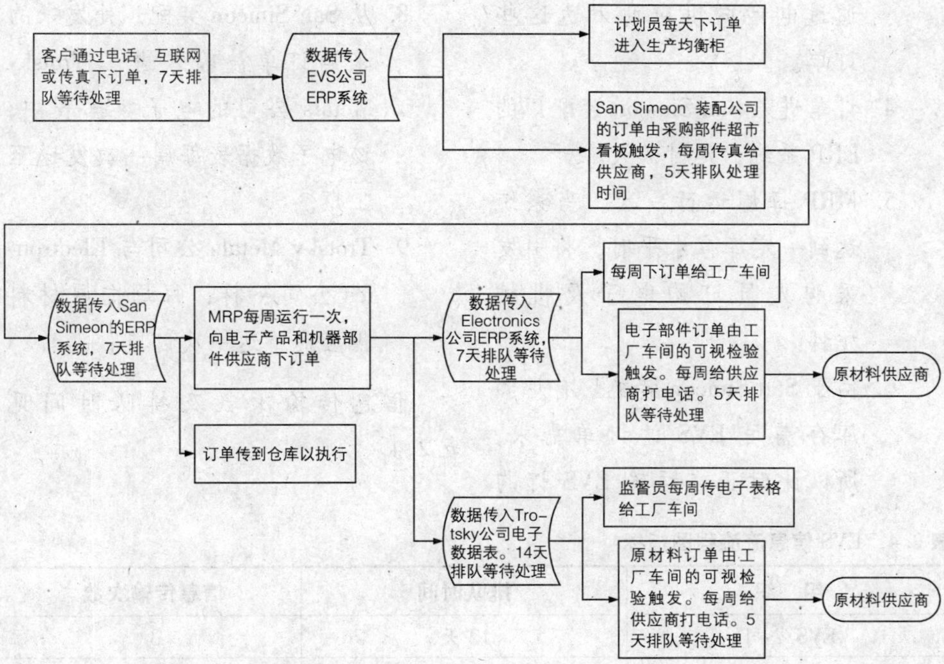

图2.8　EVS信息流流程图

生产单元1的生产均衡柜

	时间窗								
产品	8-9	9-10	10-11	11-12	12-1	1-2	2-3	3-4	4-5
4400	/	/	/	/					
4440A-J					/	/			
4400K-Q							/		
4400X								/	
4400Y									/
4400Z									

图2.9　EVS生产均衡柜

3. 制造单元需要采购零部件以用于生产，由此引发了订单需求。尤其是当达到再订购点时，一张彩色的纸张就会预示必须下达新的订单。每周通过电话向供应商下达这些订单。
4. 订单进入 San Simeon 装配厂的 ERP 系统，延时 7 天。
5. MRP 每周运行一次。当系统达到一定库存水平时，将引发采购人员订购电子及机械元件。
6. 由于 San Simeon 装配厂有足够库存满足 EVS 的订单需求，所以此时正在运输 EVS 订购的产品。
7. 从 San Simeon 装配厂处发来的采购订单进入了 Electronics 公司的 ERP 系统，同时向工厂下达一周生产时间表。
8. 从 San Simeon 装配厂处发来的采购订单被输入进了 Trotsky Metals 公司的电子数据表中，该电子数据表每周一次发送至工厂。
9. Trotsky Metals 公司与 Electronics 公司一样，每周向原材料供应商下达一次订单。

信息传输次数及排队时间见表 2.4。

表 2.4　EVS 信息流流程图指标

组　织	排队时间	信息传输次数
EVS 公司	12 天	3
San Simeon 装配厂	14 天	2
Electronics 公司	12 天	2
Trotsky Metals 公司	19 天	2
总　计	57 天	9

如表 2.4 所示，信息被传输了 9 次，并在队列中等待了 57 天（不创造价值）。绘制团队在观察了信息流后提出了如下一些关键问题：

- 为什么在 EVS 客户订单传输到 ERP 系统前有 7 天的延时？
- EVS 公司为何每周只根据再订购点下达一次订单？
- 当 EVS 订单信息传输进入 San Simeon 装配厂的 ERP 系统时为何存在延时？
- 供应商为何以周为单位安排生产？为何不能以天为单位来

安排?

- Trotsky Metals 公司为什么仅使用简单的电子数据表来管理工厂生产活动?这如何保证生产跟上实时需求?为何存在 14 天排队等待时间?

在 EVS 绘制未来状态价值流图时会用到这些观察结果。尽管绘制当前状态图的目的不在于找到解决方案,我们还是应该像 EVS 的绘制团队那样把一些观察到的结果记录下来。通常在绘制当前广域价值流与信息流过程中的一些发现将使绘制团队大为吃惊。就像 EVS 公司一样,绘制团队将发现组织存在许多改善良机,其中相当一部分可以用更快更便捷的方式来实施。

EVS 公司下一步要做的就是开始绘制未来状态图。我们将在第 3 章中详细探讨。

2.4 本章关键点小结

所谓价值是指在客户看来一件产品值多少钱。价值流是把产品交给客户前一切必要的活动,其中包括信息流与物料流。在价值流中一部分活动是创造价值的,而另一部分是不创造价值的。所谓创造价值的活动是指那些通过改变产品能增加附加值的活动。价值流中仅有很小一部分时间是创造价值的,大部分时间都是不创造价值的。绘制广域价值流图能使组织在供应链参与者的包括物料与信息流在内的价值流中,寻找消除不创造价值时间的机会。

如何绘制广域价值流

绘制广域价值流有如下四个步骤:

第一步:识别并选择价值流。

第二步:绘制当前状态图。

第三步:通过一系列工具及原则绘制未来状态图。

第四步:在未来状态图的基础上创建实施计划。

价值流的识别与选择包含三个步骤：

第一步：产品归类。通常通过产品流程矩阵来完成这一步骤。

第二步：选择最早进行分析的一个产品/产品大类。

第三步：从客户端向最初采购的原材料反向回顾价值流。对广域价值流来说，“回顾”通常并不是真正地去实地考察，而是通过一定的思考及咨询所进行的分析。

如何绘制当前状态图

选定需要分析的价值流后，一个包含主要供应商、客户代表及组织内部人员的跨部门绘制团队将开始绘制当前状态图。绘制当前状态图有如下八个步骤：

第一步：在右上方画出终端客户。

第二步：绘制代表组织自身的流程框。

第三步：绘制代表被分析供应商的流程框。

第四步：绘制代表原材料供应商的框图。

第五步：开始绘制信息流：绘制代表组织自身及各个主要供应商的信息流程框。

第六步：从客户端着手，自右向左绘制信息流。

第七步：从各个组织的生产控制部门向流程框绘制信息流。

第八步：在价值流图底端计算主要衡量指标。这些指标将揭示仅有很小一部分时间创造了价值。

沟通及信息流的障碍将导致严重的延时，这是广域价值流的主要问题。由于当前价值流图本身并不能详细显示出绝大部分信息处理延时出现在何处，所以价值流绘制团队需要另外绘制一张图显示供应链参与者之间的详细信息流。

完成当前状态图及信息流图的绘制后，绘制团队将继续绘制未来状态图。我们将在第 3 章中对此进行详细探讨。

2.5 应用于您的组织中

请回答以下问题：

1. 在您的组织中，产品线是什么？这些产品线是否可被视为价值流？

2. 如果为广域价值流分析选择一条价值流，您会选择哪一条？为什么？

3. 您的哪位供应商愿意参与广域价值流绘制过程？

4. 假设现已完成广域价值流的绘制，您认为您会发现什么问题？请把您的答案记录下来并与完成绘制后的实际结果进行比较。

第3章

营造精益广域价值流

3.1 从当前状态图到未来状态图

本书第2章探讨了如何绘制当前状态的价值流图，本章将继续探讨未来价值流图的绘制。在开始之前，您需要了解为什么价值流目前没有达到精益，同时还需要了解精益广域价值流的关键要素。让我们从该问题及精益的理想状态开始着手吧。

3.2 广域价值流的七种（加一种）浪费

精益广域价值流与普通广域价值流有什么区别？假如用一个词概括，那就是沟通。造成价值流达不到精益标准的主要原因就是沟通障碍，而沟通障碍又造成了浪费。

成功实现精益广域价值流的一个关键是理解广域价值流中存在的浪费。“七种浪费”是在机构中实施精益生产的有效工具。在分析广域价值流时，必须考虑七种浪费及其相似情况。

第一种浪费：过量生产

过量生产就是生产量超过下游流程或客户实际需要量。换模时间长、设备及流程不可靠（会生产出次品）以及使用普通的成本会计指标，往往会导致车间中出现过量生产。

在广域价值流中，过量生产当然也因为上述原因而发生，但最主要的原因是信息流（沟通）不通畅。供应商经常在最后一刻才被告知订单信息，这使得他们很难做出及时反应。影响供应商产量的信息类型包括：

- 工艺变化。
- 客户订单数量变化。
- 预测变化。

组织很少及时向供应商沟通以上各项信息，供应商通常处于一种“黑暗”状态。这经常就会导致出现过量生产。

第二种浪费：运输

产品运输并不创造价值，在研究广域价值流时，这个事实被进一步放大。不必要运输产生的原因往往是在供应商选择时仅仅只着眼于价值流的一个点，而没有在整条价值流中寻求最优供应商。通常供应商选择依据是每单位产品价格，这在表面上似乎很有说服力，但在某些情况下，这种做法将导致更高的总成本。合理选择供应商或机构对精益价值流来说是至关重要的。

第三种浪费：不必要的库存

在广域价值流中，不必要的库存往往是由于信息流不通畅及批量加工造成的。造成库存的原因通常有以下三个：

第一个原因：供应商由于缺乏信息而持有库存。制成品仓库就是很明显的一个例子：制造商拥有制成品仓库的原因是他们不确定客户未来的订购需求。制造商手中关于客户需求的信息越少，他们就需要越多的库存来填补这一空缺。

第二个原因：为了支持一个精益化客户，“大批量生产”的供应商往往需要持有更多的库存，而这一库存成本最终又将以更高的价格或较差的质量转嫁给客户。大规模生产商并不适用于精益供应链，它们往往以非常大的批量展开生产。因为它们不能支持一个流或小批量生产方式，所以只能被迫持有“必要”的库存。

最后，供应商和客户有时可能持有过剩的库存。为了应对需求变化，供应商可能会持有几天生产量的库存，而客户可能也会这么做。在绘制广域价值流图时，这一现象将非常明显地显现出来。

第四种浪费：不恰当的工艺

在门到门价值流中，不恰当的工艺往往指使用不必要的大型设备进行加工，或指在加工过程中存在返工过程。在广域价值流中，不恰当的工艺还指选择错误的供应商和/或错误的流程。

选择使用最合理的加工方式生产产品的供应商是非常重要的。比如销售小批量产品的公司经常会选择一些低成本供应商，而那些供应商通常都采用大批量生产方式。这将造成浪费：公司最终会购买比实际需求多得多的产品以获得较低的成本，在工厂内造成过量库存的隐性成本。在返工方面，当产品从供应商处送达公司后，由于机构之间的沟通不通畅，组织往往需要返工零件。

第五种浪费：等待

这种浪费既包括操作员等待机器的时间，又包括产品等待（库存）的时间。对于广域价值流与内部价值流来说，这一浪费基本是相同的。当然在广域价值流中由于机构间运输需要等待较长时间，所以这一浪费在一定程度上会被放大。

第六中浪费：过度移动

当生产人员需要离开工作场所去摆放工具、物料等时，这种浪费就会产生。与等待造成的浪费一样，这种浪费在广域价值流与内部价值流中有同样的表现形式。

第七种浪费：次品

这种浪费指的是次品及错误的（文本）信息。对于广域价值流来说，这种浪费的表现形式是机构之间运输的次品以及传输的错误信息。前者将产生以过量库存及返工形式表现的额外浪费，而后者可以产生很多形式的额外浪费。错误信息将导致以下局面产生：

- **生产或运输错误的产品**。由于订单信息错误，供应商可能生产错误的产品。
- **生产次品**。由于所发送的错误设计信息，供应商可能生产次品或过时产品。
- **生产或运输过量产品**。由于订单数量错误，供应商可能生产过多产品。
- **生产或运输过少产品**。由于订单数量错误，供应商生产的产品数可能不足以满足需求。

另一种（第八种）浪费：未充分利用的人力资源

在广域价值流中，这种浪费形式通常表现为未充分利用供应商及客户的人力资源。组织几乎很少在生产流程、信息处理及产品设计方面利用供应商及客户的专业知识。这是广域价值流中难以解决的一种浪费形式。本书将探讨充分利用供应商及客户专业知识的几种方法。

3.3 构建精益广域价值流的要素

通过精益广域价值流能够消除上述浪费，最终可以明显缩短交付期。让我们一起来看一看精益广域价值流的主要特征。图 3.1 中列出了这些主要特征。

要素 1：有效的信息沟通

价值流上的每位参与者对整条价值流都有一个准确的认识。也就是说，以下信息能够在价值流上共享。

客户需求及产品节拍时间。节拍时间是用生产时间衡量客户需求的一个指标，通常是用生产时间除以客户需求得到该数值。

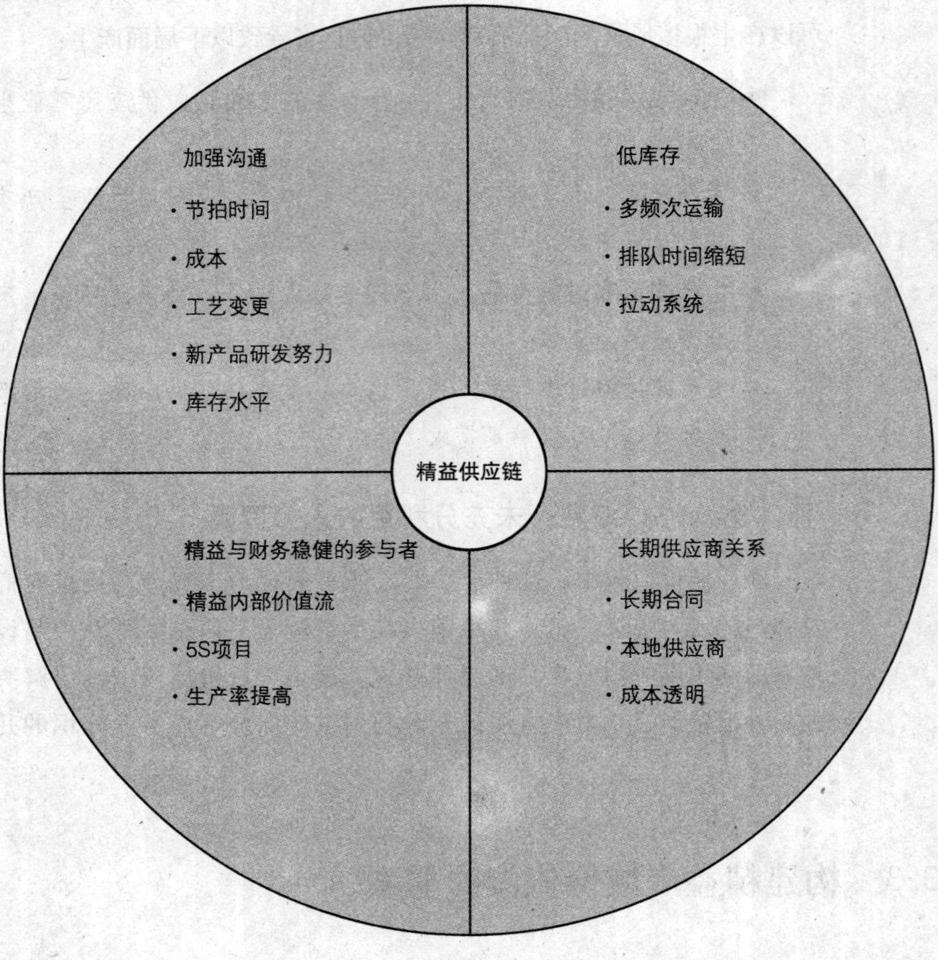

图 3.1　精益供应链的特征

节拍时间 = 每次轮班的生产时间/每次轮班的产品需求

比如：

每次轮班生产时间 = 460 分钟

每次轮班的产品需求 = 230 单元

节拍时间 = 460/230 = 2 分钟

每 2 分钟，客户要求生产 1 单位产品。

同时由于价值流参与者的工作时间可能有所不同，节拍时间可能也各不相同。每位参与者应该了解自己的节拍时间，同时还需要了解其供应商与客户的节拍时间。假如这部分信息丢失，就将导致过量生产及库存或不能按时发货。

成本及成本目标。对精益广域价值流来说，“坦诚”（open-book policy）是非常重要的。供应商与客户不能再被视为组织的敌人，相反，他们应该被看成是组织的扩展。精益组织必须与其供应商及客户紧密合作，这样才能获得成本最低、质量最高的价值流。这就需要设定成本目标，并通过投入人力物力对供应商进行改善以便在整条价值流上实现该目标。这最终将改善价值流各参与方的财务状况。

现有产品的工艺变更。过量库存（及随后的价值流过高的总成本）的主要原因之一就是工艺改变。整条价值流必须在产品生产时就知道相应变化。尽管当今许多组织努力在内部实现该信息的有效沟通，但作为一个精益组织还必须能够在整条价值流上有效沟通该信息。

新产品研发。从一开始供应商就应该参与新产品的研发。在第11章中，我们将讨论如何使供应商参与设计流程。由于需要预期未来变化（如生产能力释放、购买新设备等），主要供应商必须被告知新产品的研发进程，这一点非常重要。另一个造成供应商颇为失望的情况是在很短的时间内通知供应商生产新产品，这同样会导致产生较高的成本及潜在的质量问题。

每个工厂的库存水平。在整条供应链上实施拉动系统使每位参与者都了解其供应商与客户的库存量，这对于成功实施精益广域价值流是至关重要的。

要素2：低库存量

精益广域价值流的第一个特征决定了库存水平下降。尽管一些精益纯化论者坚持零库存的观点，但在实践中这是不可能的。在精益广域价值流中，甚至是内部价值流中，必须在战略层面上确定库存水平，也就是说必须设定库存的地点及最大数量，而不允许随意堆放。为确保维持一定的库存量，必须应用相应系统，并根据产品需求变化及时调整库存水平。

如果能做到以下几点，未来的库存量将进一步降低。

价值流的参与者间运输频率加大。通常即使是当地供应商，产品运输频率还是一周一次或更低。假如能加大发货频率，库存量将大为降低。比如发货频率从一周一次提高到每天一次，库存可以降低大约80%。

在可能的情况下缩短排队时间或消除排队等待。等待加工的产品队列及等待处理的信息队列都将造成工厂生产延时，必须被消除。两种形式的排队都要求制造商持有更多库存来弥补延时造成的损失。产品队列通常可以通过实施一个流制造来消除，而信息队列则通过信息技术变革来消除。

在所有参与者都能获得全面信息的情况下实施拉动系统。通常，当公司与其供应商建立拉动系统时，往往要求供应商遵循类似如下所述的规则：当我们用传真或电子邮件发送补充订单时，请在12个小时内发货。这么做的问题在于供应商根本就不了解这一拉动系统背后的根本驱动因素。为了弥补这一信息丢失造成的损失，供应商只能持有更多的库存。

共享（上述）精益广域价值流第一个特征中涉及的所有其他信息。为了避免突发事件，组织才会持有库存，所以共享信息能够有效降低库存水平。

要素3：财务状况稳健的、精益的价值流参与者

尽管这一点显而易见，但还是值得一提。采购人员通常认为他们的目标就是以最低的成本从供应商处获得最大的收益。这种思维往往会导致不良的供应商出现。对于精益组织来说，采购的目的是维持一个贯穿原材料到终端客户的精益系统。

实现这一目标的一个主要难题就是如何使价值流的每位参与者

转变为财务稳健的精益生产商。从长期来看，组织只有与财务稳健的精益供应商一起才能营造成功的精益广域价值流。假如某个供应商不愿意实施精益生产或其财务状况不佳，组织有必要重新寻找合适的供应商，这一点我们在第5章中将继续探讨。

要素4：价值流参与者间的长期合作关系或合同

一个精益组织必须愿意为供应商的改善进行投资并培养信任关系。假如一个组织不愿与供应商（或客户）共同发展长期合作关系，该组织是不可能拥有一条真正的精益供应链的。如果供应商认为其客户随时会转向其他供应商，他绝不会愿意与该客户紧密合作实施精益价值链。

反之，那些与客户拥有长期合同的供应商将更愿意与该客户密切合作。第4章将进一步探讨买方与供应商关系的本质。

3.4 头脑风暴

那么一个组织应该如何绘制包含上述精益广域价值流特征的未来状态广域价值流图呢？绘制团队此时应该结合当前状态图来解决这一问题。每位绘制团队成员都需要有精益、价值流图绘制原则及流程改善原则方面的应用知识。但是光有知识并不够，因为每个组织都有自身独特的情况，从当前状态到未来状态绘制过程中还需要有创新思维。营造精益的未来状态图需要绘制团队共同努力，运用他们的经验及独创性思维发挥集体的力量。此时，正需要团队进行头脑风暴来完成这一过程。

在开始头脑风暴之前，我们需要明确一些基本规则并回顾一下进行头脑风暴的目标。头脑风暴交流中最重要的一条原则就是在整个头脑风暴过程结束前，不对任何观点做出评价。

头脑风暴有许多方法，其中最能引发观点的莫过于“记事贴”方法。首先，分发给每位头脑风暴的参与者几张记事贴。设定一段时间（通常为20～30分钟），在这段时间内，参与者写下他们能想到的所有改善现状的方法（一张记事贴上写一种方法）。最后参与者把记事贴粘在前面的白板上。

在为未来状态图进行头脑风暴时，我们推荐以下三个头脑风暴专题：

- **专题1**：第一个专题聚焦于改善机构间（及机构内）的信息流。
- **专题2**：第二个专题应重点关注操作层面的改善。比如价值流参与者在某个操作环节的改善，或在实施批量生产到一个流生产转换过程中的基本流程改善。
- **专题3**：最后一个专题应重点关注物流改善。该专题的目的是尽可能消除产品运输。

在完成每个专题讨论后，绘制团队按照如下方法为每种观点编号并归类：

- **一年后的未来状态**（FS1）。FS1是指被视为未来可行状态，并将于12个月内予以实施的观点。
- **两年后的未来状态**（FS2）。FS2是指被视为未来可行状态，并将于24个月内予以实施的观点。
- **长期未来状态**（FSLT）。FSLT是指不被纳入本次未来状态图中，但在下次绘制未来图中会予以考虑的观点。

下面我们来看看EVS是如何进行专题头脑风暴的。

案例研究

EVS如何进行专题头脑风暴

经过未来状态图的三个专题头脑风暴，EVS绘制团队归纳了如表3.1所示的一些观点。

表 3.1　EVS 专题头脑风暴结论

专题 1　信息流改善方法

FS1 观点	FS2 观点	FSLT 观点
1. 改善客户订单系统，使订单能够直接（没有延时或排队等待）进入企业资源计划（ERP）中。 2. EVS 能够直接把订单信息输入 San Simeon 装配厂的 ERP 系统。 3.（运用 ERP 系统）在 San Simeon 装配厂仓库每天自动打印订单。 4. 在 San Simeon 装配厂与 Electronics 公司及 San Simeon 装配厂与 Trotsky Metals 公司之间建立看板。 5. 为 Electronics 公司订购原材料建立看板。 6. 为 Trotsky Metals 公司订购原材料建立看板。 7. 在 Trotsky Metals 公司电子数据表中更频繁地更新订单信息。 8. 把 San Simeon 装配厂到 Trotsky Metals 公司及 Electronics 公司的订单（从每周一次）改为每天一次。 9. 把 EVS 到 San Simeon 装配厂的订单（从每周一次）改为每天一次。	1. 当 EVS 采购的零部件经过消耗达到再订购点时，直接向 San Simeon 装配厂的 ERP 系统发送电子信号。 2. 在 Trotsky Metals 公司中使用更好的系统（现成的标准软件包）来取代电子数据表安排生产。	

专题 2：操作改善方法

FS1 观点	FS2 观点	FSLT 观点
1. 在 Trotsky Metals 公司中建立一个流制造单元来运行 EVS 的产品线。 2. 在 Electronics 公司中建立一个流制造单元来运行 EVS 的产品线。 3. 指派一个工作小组调查研究 Trotsky Metals 公司只有 89% 产品合格率的原因，并应用改善和/或统计分析工具对之加以改善。 4. 指派一个工作小组调查研究 San Simeon 装配厂只有 72% 产品合格率的原因，并应用改善和/或统计分析工具对之加以改善。 5. 减少 San Simeon 装配厂的 60 天原材料库存；建立一个采购部件超市。 6. 在 Electronics 公司与 Trotsky Metals 公司中建立采购部件超市。	1. 当 EVS 采购的零部件经过消耗达到再订购点时，直接向 San Simeon 装配厂的 ERP 系统发送电子信号。 2. 当 San Simeon 装配厂采购部件超市（1 年内建立）的物料经过消耗达到再订购点时，直接向供应商系统发出补充物料的电子信号。	1. 通过把 EVS 迁移到洛杉矶，紧挨 San Simeon 装配厂，或迁移 San Simeon 装配厂，并把 Electronics 公司及另一家机械零件供应商迁至 EVS 的卡尔斯巴德地区建立一个支持 EVS 运营的供应商园区。

专题3：物流改善方法

FS1 观点	FS2 观点	FSLT 观点
1. 在洛杉矶当地寻找一家能使用看板、每天向San Simeon装配厂供货的机械零件供应商（以取代Trotsky Metals公司）。该供应商应该已经实现精益生产。 2. 每天San Simeon装配厂向EVS及Electronics公司向San Simeon装配厂发送货物。	1. 当EVS采购的零部件经过消耗达到再订购点时，直接向San Simeon装配厂的ERP系统发送电子信号。	

在每个头脑风暴专题中，EVS团队都利用了突破性思维。一般来说这样的团队规模，经过头脑风暴基本可以获得40~50个不同方案。但在本案例分析中，我们主要分析表3.1所列的几个方案。

请注意所列出的方案中，有些是相互冲突的。比如在改善Trotsky Metals公司方面就有几个方案，其中还有一个建议用一家新供应商替换Trotsky Metals公司。EVS团队在下一步将挑出一个方案予以采纳，并绘制未来状态图。

EVS如何绘制未来价值流图

未来状态价值流图其实是团队应用精益原则，通过创造性思维（头脑风暴）做出的规划的一种图形描述形式。根据我们公司与客户接触交流的经验，团队很难对头脑风暴的结果进行归纳总结，并把它运用于未来行动规划中。我们觉得这往往是由未经整理的松散的头脑风暴（即方案未经进一步归类的头脑风暴）所造成的。所以在结束一个头脑风暴专题后，团队必须对每个方案予以评估、归类，并最终决定是否予以接受采纳。

基于先前各个专题方案，EVS为4400A-Q产品线绘制了未来广域价值流图（参见图3.2）。该未来状态图是在FS1及FS2方案的基础上按照如下步骤完成的：

1. 首先考虑客户及客户需求。在当前状态下，客户需求保持不变。但在绘制广域价值流图时，这样的假设并不成立。我们应当认为客户时常可能改变订单需求。在本案例中，由于EVS的客户中80%来自于国外，所以每天发送订单及每天发送货物并不具可行性。
2. 随后，EVS绘制了更新后的流程框。在EVS的未来状态图中，同样也有四个主要流程框。在每个流程框中，EVS列出了创造价值时间（有时也称之为实际操作或加工时间）。无论是当前状态还是未来状态，创造价值时间保持不变，但交付期发生了明显变化。为缩短交付期，EVS对库存策略做了以下变动：

- 由于在Electronics公司内有多余的原材料（制成品形式）库存，再加上当地新的机械零件供应商，原材料每天都会发送到San Simeon装配厂，所以San Simeon装配厂现在只需持有2天的原材料库存。同时San Simeon装配厂还将持有5天的制成品库存，这与绘制团队计算的San Simeon装配厂装配单元的生产均衡需求大致相等。在San Simeon装配厂内部价值流图绘制中，还将更为精确地设定每个部件的库存水平。同时在未来状态，San Simeon装配厂需要达到95%产品合格率的目标（当前是72%）。
- 由于Trotsky Metals公司交付期长达141天，并且是唯一一家不在当地的供应商，所以EVS决定用San Simeon装配厂当地的新机械零件供应商取代Trotsky Metals公司。团队为新供应商设定的目标是少于30天的交付期、10天的原材料库存以及5天的制成品库存，同时还需达到95%的产品合格率。在第5章讨论具体实施时，EVS将进一步挑选满足这一要求的供应商。
- Electronics公司现在将分别持有10天的原材料库存和10天的制成品库存。由于原材料每周发送一次，所以没有必要持有多于一周的库存量。由于Electronics公司每天向San Simeon装配厂发送产品，并根据工厂生产均衡要求，我们设定了10天的制成品库存。团队为Electronics公司设定了超过98%的产品合格率目标，当前其合格率为92.6%。

3. 同样，EVS在图3.2左上方画出了原材料供应商。绘制团队决定维持每周向Electronics公司发送一次原材料的状态，并同样假设每周一次向其新机械零件供应商发送物料。

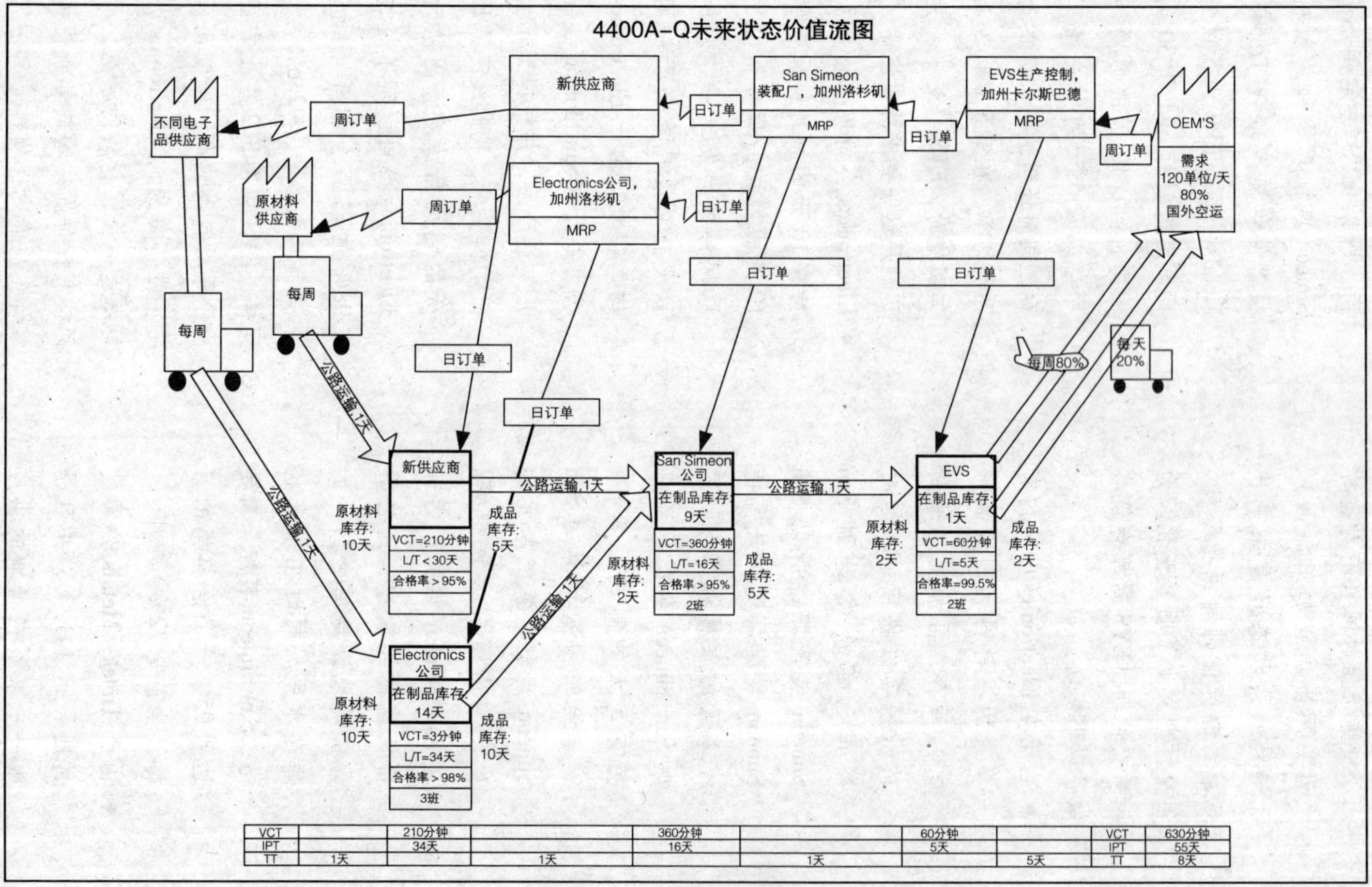

图3.2　EVS未来广域价值流图

4. EVS绘制团队使用箭头连接所有厂商，表明物料的运输过程。所有产品运送都可以通过一天的陆路运输完成。其中最大的变化就是拥有了一家当地机械零件供应商每天向San Simeon装配厂发送所需零件。

5. 随后，EVS团队开始绘制未来信息流图。还是从客户端入手，团队为每家工厂绘制了一个生产控制框。与当前状态相比，主要有如下变化：
   - 所有自EVS到San Simeon装配厂以及自San Simeon装配厂到其主要供应商间的订单都会每天发送。这么做能防止发送批量订单，同时也可以使工厂更好地应对订单需求。比如我们假设原先订单是每周一早上8点由EVS公司发送至San Simeon装配厂的。该订单包括了前一周所需的所有物料。San Simeon装配厂根本不了解每天的需求量。由于缺乏相应信息，San Simeon装配厂不得不持有更多的库存以应对每周一次的订单。当实行每天下一次订单后，San Simeon装配厂将拥有更多的信息以便更好地安排生产，这样就能有效降低库存量。
   - Electronics公司将改变原先每月一次订单发送，改为每周一次向供应商发送订单。这样做能够使订单数量更为精确，同时也能使Electronics公司实现更低原材料库存的目标。未来的目标是使原材料库存从当前的60天缩短为10天。
   - 所有工厂的生产控制将安排每天的生产，而不是每周生产。每天安排生产能够降低紧急生产的数量。而假如每周向工厂安排一次生产，则时常需要对生产计划进行临时调整。

6. 最后，所有主要指标都列在价值流图底部。在本案例中，主要指标如表3.2所示。

表3.2　EVS公司当前状态与未来状态的比较

衡量指标	当前状态值	未来状态值	改善（%）
创造价值时间	630分钟	630分钟	0
工厂内部时间	230天	55天	76.1
运输时间	20天	8天	60.0
总时间（运输+工厂内部时间）	250天	63天	74.8

（续表）

衡量指标	当前状态值	未来状态值	改善（%）
创造价值时间所占比例	0.175%	0.694%	297
库存周转率（由 EVS 预先计算）	1.8	大约 11.5	538
产品运输总距离	4136 英里	大约 1000 英里	75

EVS 团队在很大程度上改善了广域价值流图，整条供应链的库存量不到原先的 20%，整个系统中的总时间减少了 187 天。为了实现这个目标，绘制团队必须开发一个实施所有改进的详细方案。在开始实施前，团队必须首先绘制未来信息流图。

EVS 团队绘制未来信息流图

图 3.3 展示了未来状态下从客户端到 EVS 再到供应商之间详细的信息传输路径。通过这张流程图，EVS 可以衡量在等待时间及信息传输次数方面所做的改进。顺着图 3.3 的箭头所示的方向，我们按照如下顺序展开生产运作：

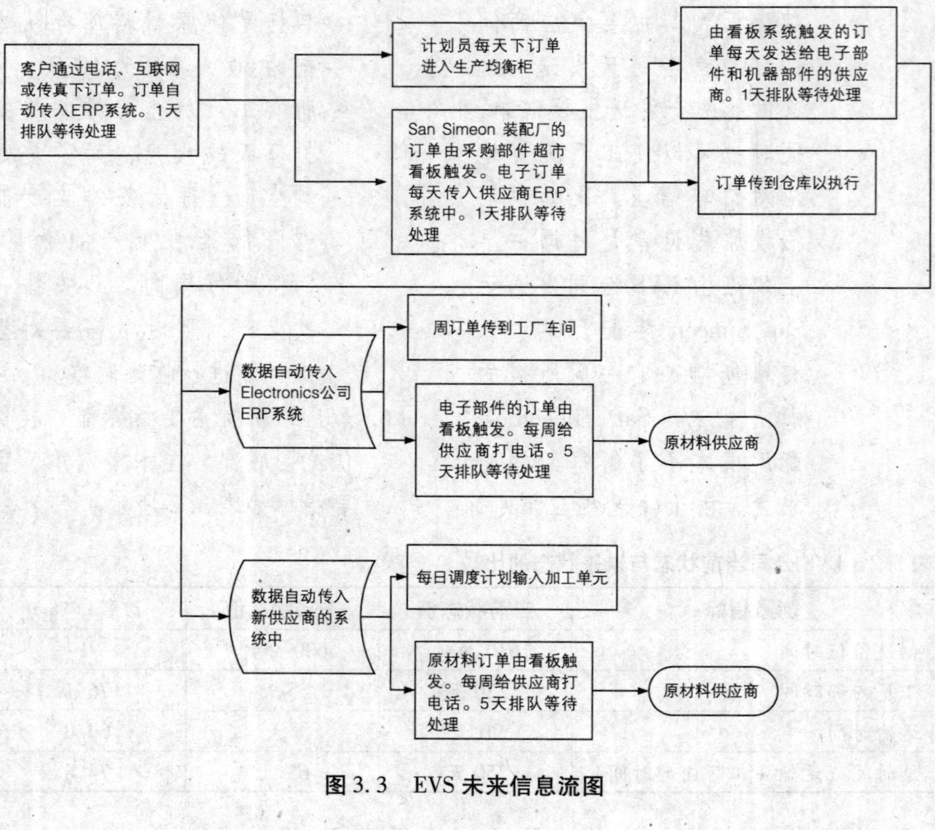

图 3.3　EVS 未来信息流图

1. EVS公司的客户通过电话、传真或电子邮件向EVS下订单。现在这些订单能够直接传入EVS的ERP系统。
2. 接着生产计划人员使用生产均衡柜在组装车间安排生产。通过该系统（已在第2章中予以解释），EVS很好地控制了生产量，并合理地安排了生产顺序。
3. 当所采购产品经过生产消耗减少到一定量时，需求订单就会自动生成。这些订单会以电子形式每天而不是每周（直接向San Simeon装配厂的ERP系统）下达。
4. San Simeon装配厂与其供应商之间建立拉动系统，当系统的库存量减小到一定量时，采购人员将订购电子及机械元件。这些订单将直接进入供应商的ERP系统。这就要求新的机械元件供应商必须具备这种订单处理能力。
5. 由于San Simeon装配厂持有应对EVS订单的库存，所以与此同时，EVS订单需求的产品也正在运输过程中。
6. Electronics公司每天的生产将根据拉动系统来安排。一方面产品从仓库发送给订货方，另一方面补充产品库存的订单也会每天发送至生产车间。
7. 同样，在新的机械元件供应商处也将根据拉动系统安排每天的生产。
8. 新供应商及Electronics公司都将每周向其原材料供应商下达一次订单（当然，如果新供应商完全可以每天向其原材料供应商下达一次订单，那也未尝不可）。

在表3.3及表3.4中归纳了信息传输次数及排队等待时间。

表3.3　当前状态与未来状态下的排队等待时间比较

组织	当前状态下排队时间	未来状态下排队时间	改善（%）
EVS公司	12天	2天	83.3
San Simeon装配厂	14天	1天	92.8
Electronics公司	12天	5天	58.3
Trotsky Metals公司/新供应商	19天	5天	76.6
总计	57天	13天	77.1

表 3.4　当前状态与未来状态下的信息传输次数比较

组织	当前状态下信息传输次数	未来状态下信息传输次数	改善（%）
EVS	3	2	33.3
San Simeon 装配厂	2	1	50
Electronics 公司	2	1	50
Trotsky Metals 公司	2	1	50
总共	9	5	44.4

EVS 团队的头脑风暴方案极大地改善了信息流。排队时间较少了 77%，信息传输次数减少了 44%，这将有效消除导致广域价值流产生巨大浪费的信息流延时及错误情况。由于广域价值流中信息流更为通畅，同时排队等待时间大为减少，这使得供应商准确生产的能力大为提高。最终这将有效降低库存，缩短交付期。

下面我们来看看如何一步步地把未来价值流图转化为切实的实施方案。

实施方案：把未来价值流图变为现实

绘制价值流图最关键的部分就是制定实施计划。许多组织都曾绘制过价值流图。就我对公司的了解，许多组织往往止步于当前价值流图。一些组织可能也会绘制未来价值流图，但是很少有组织会为未来价值流图制定实施计划，所以它们很少能获得成功。绘制价值流图经常被批判为一种不可能成为现实的空想活动。在很多情况下，这种批判是正确的：只有实施计划才能够使之变为现实。

对于广域价值流图而言，实施计划包含了一系列不同的活动。通常有如下几个主要步骤：

- **寻找并评价潜在供应商**。组织往往会使用“柔性”策略，凭直觉选择供应商，这是导致失败的原因。正确选择供应商的方法应该是既定性又定量。在整个过程中应该根据一套客观的衡量标准进行有组织的面试。第4章将探讨如何制定评价供应商的标准。

- **选择供应商并与之签订长期合同**。选择新供应商就如同雇用新员工，一旦与不合适的供应商签订合同将造成长期的负面效应。第4章将详细讨论如何选择供应商。
- **供应商的价值流图绘制**。在未来广域价值流图的实施过程中，几乎都会用到其他机构的价值流图。第5章将涉及内部价值流图绘制的系统方法。
- **供应商的流程改善活动**。在实施计划中还包含了致力于消除某个供应商流程中浪费现象的改善活动。流程改善的各种形式及如何在供应商处开展改善活动将在第5章中讨论。
- **信息系统改善或新系统实施**。对于广域价值流来说信息流是个重要问题，所以在未来价值流的实施计划中一般都会包含信息系统的改善。
- **迁移工厂或工序**。在第11章中，我们会谈到集中办公，即在客户端安置供应商工序或在供应商处安置客户工序，是缩短交付期的一种方法，因此经常也是实施计划中的一个部分。但是首次价值流图的实施计划中一般不包含这一步骤。通常要过一段时间才能进行这种迁移（请注意，在本章EVS进行头脑风暴时，曾提出过这样的方案：把EVS迁移至临近San Simeon装配厂的洛杉矶或迁移San Simeon装配厂、Electronics公司及机械零件供应商至EVS的园区内。在第11章中也会介绍EVS供应商园区的应用）。
- **为操作上的变化制定详细的计划**。
- **解决问题或降低变动性的活动**。精益广域价值流的实施中几乎都包含了某种形式的质量改善。通常的改善活动并不适用于这些特殊形式。我们通常通过解决问题团队或六西格玛项目团队予以实施。
- **工业工艺活动**。在实施计划中一些改善只需要分配给一名工业或生产工程师就可以予以实施，并不需要整个团队共同完成。这些改善包括类似开发标准生产图表之类的工作。

3.5 制定实施计划：参考格式及内容

既然已经知道了在实施计划中应该包含哪些步骤，那么接着我们来看看实施计划的格式及内容。

实施计划的格式。经常有人来问我实施计划的最佳格式是什么。在制定实施计划时，经常会出现两个问题或错误：

- **错误 1**。过多关注使用项目管理计算机软件的所有功能，浪费时间。在实施计划中，特别是在现在这个阶段，是否使用了软件的所有功能并不重要。
- **错误 2**。当项目管理软件设置了有限的浏览权限时，组织中的其他人或如供应商之类的其他相关组织都无法看到整个计划。假如使用了这样的软件，请务必确保相关人员都能看到该实施计划。一个简单的解决方案是把整个计划以 html 超文本链接形式上传，使所有主要人员都能通过安全的网络看到这个计划。

通常我推荐选择的格式是使用起来越简单越好，同时能被组织中越多的必要人员共享越好。只要实施计划能被共享并容易更新，该实施计划就会起作用。

实施计划的内容。一个有效的计划包含如下信息：

- **任务**。这是指对未来状态所做的特定变动。比如可以把任务设定为与新供应商或现有供应商建立长期合作关系。
- **目标**。目标就是任务所期望达到的效果。如果增加运输频率是任务的话，目标就是把库存降低到一定量。
- **项目和主要工作**。这是指为了完成任务需要实施哪些项目和主要工作。

- **期限**。计划中应该包含开始及完成日期。
- **团队领袖或负责人**。计划应该指明负责顺利完成工作的人员。
- **团队成员**。假如需要团队完成项目或工作，计划中应该列出团队成员。在初步制定计划时，此信息可能无法得到。
- **状态（需要实时更新）**。实施计划中需要包含项目进程状态的标识。通常我们会使用“完成%”表示工作或任务的进展状态，可是这个数据并不是很有意义。因为在这个阶段，实施计划并不会显示非常具体的工作，所以我们需要大致了解主要工作和项目的进展状况，这一点非常重要。

让我们来看一看 EVS 是如何制定其实施计划的。

案例研究

EVS 如何制定实施计划

在未来价值流图基础上，EVS 制定了如图 3.4 所示的实施计划。

基于未来价值流图，EVS 设定了四个主要目标与任务：

1. 第一个主要任务就是在当地（洛杉矶）寻找一家机械元件供应商并与之建立长期商务合作。这么做对 EVS 价值链上的库存量及运输时间的降低非常重要。在第 4 章至第 6 章中，我们将一步步介绍 EVS 为实现这一目标开发并实施外包计划的方法。EVS 公司制定了 5 个月内完成任务的工作时间表。
2. 第二个主要任务是通过使库存及交付期降低至未来价值流图中所设定的水平，改善 San Simeon 装配厂的价值流。EVS 安排用一个月时间完成价值流图的绘制，并预留了 6 个月的时间用于实施未来价值流图。第 7 章至第 9 章将探讨内部价值流图的绘制及实施。
3. 第三个任务是降低 Electronics 公司的库存并缩短交付期，以改善其价值流。同样为实现这一目标预留了总共 7 个月的时间。

EVS 广域价值流实施计划

日期：1/7/2005

目标	任务	工作	开始日	结束日（计划）	结束日（实际）	团队领袖	团队成员	状态记录
减少机械部件库存，缩短运输距离及交付期	寻找新的机械元件供应商并与之签订长期合同	1. 列出所有潜在供应商的名单	1/1/2005	2/1/2005		Joe G.	Mary，John，Fred，James	最初研究阶段，目前正从 50 多家供应商中进行选择
		2. 制定衡量标准	1/1/2005	2/1/2005		Joe G.	Mary，John，Fred，James	
		3. 进行供应商面试审核	2/1/2005	4/1/2005		Joe G.	Mary，John，Fred，James	
		4. 选择供应商并商讨长期合同	4/1/2005	6/1/2005		Joe G.	Mary，John，Fred，James	
减少 San Simeon 装配厂库存并缩短交付期	建立拉动系统并设定合理的库存水平；增加订单及发货频率	1. 绘制内部价值流图，设定合理库存化水平并建立拉动系统	1/1/2005	2/1/2005		Maureen	TBD	1 月 10 日至 1 月 14 日完成价值流图“blitz”活动
		2. 实施未来价值流图	2/1/2005	8/1/2005		Maureen	TBD	
减少 Electronics 公司库存并缩短交付期	建立拉动系统并设定合理的库存水平；增加订单及发货频率	1. 绘制内部价值流图，设定合理库存化水平并建立拉动系统	1/1/2005	2/1/2005		Jim V.	TBD	1 月 17 日到 1 月 21 日完成价值流图“blitz”活动
		2. 实施未来价值流图	2/1/2005	8/1/2005		Jim V.	TBD	
在价值流中减少排队时间及延时现象（信息系统）	实施未来信息流程图	由每家公司指派一名工厂人员组成一个团队	1/1/2005	1/15/2005	1/7/2005	Mary	TBD	1/7/2005 形成团队
		共同制定详细的项目计划	1/15/2005	2/15/2005		Mary	TBD	1/15 召开团队会议
		实施	2/15/2005	8/1/2005		Mary	TBD	

图 3.4　EVS 的实施计划

4. 第四个任务是信息技术板块。该任务可以分解为几个项目，但是在当前阶段，我们仅列出其中一个项目，其余项目可能都与此项目相关。同时我们指派一名人员（在本案例中是EVS的信息技术部经理）负责整个项目。该项目团队由价值流中各个组织的IT及运作部人员组成。

EVS要做的下一步工作是真正开始实施计划。在以后的章节中我们将分析实施过程中的每一个步骤。我们首先会在第4章中分析何时应该采取外包策略。

3.6 本章关键点小结

尽管在广域价值流中沟通障碍是主要的浪费形式，但从另一个不同的角度我们同样也可以用精益生产工具“七种浪费”（现在已经成为八种浪费）来描述广域价值流中的浪费。

广域价值流中的八种浪费

这八种浪费形式如下：

- **第一种浪费：过量生产**。机构之间信息流不通畅是造成广域价值流中过量生产的主要原因。
- **第二种浪费：运输**。鉴于价值流参与方之间的距离，在分析广域价值流时，运输浪费会被放大。
- **第三种浪费：不必要的库存**。在广域价值流中信息流不通畅及批量生产是造成不必要库存的主要原因。
- **第四种浪费：不恰当的工艺**。在广域价值流中，这种浪费还包括选择错误的供应商或错误的加工流程。
- **第五种浪费：等待**。在内部及广域价值流中，这种浪费具有相同的形式。
- **第六种浪费：过度移动**。在内部及广域价值流中，这种浪费具有相同的形式。

- **第七种浪费：次品**。广域价值流中的这种浪费是指机构之间次品及错误信息的传输。
- **第八种浪费：未充分利用供应商及客户的人力资源**。在广域价值流中，这种浪费延伸至未充分利用客户及供应商的人力资源。

精益广域价值流是消除以上浪费的有效方法之一，并将大幅缩短交付期。

精益广域价值流的特点

以下是精益广域价值流的特点：

1. 有效沟通，信息通畅。
2. 低库存量。
3. 价值流上财务稳健的精益参与者。
4. 与价值流参与者之间的长期合作关系/合同。

在当前价值流图及对精益广域价值流主要元素的理解基础上，价值流图绘制团队应该进行三个专题的头脑风暴：

- **专题**1。改善机构间（与机构内）的信息流。
- **专题**2。操作层面改善。
- **专题**3。物流及运输方面改善。

绘制团队基于这些专题对未来价值流图及实施计划选取方案并对方案归类。

下一步就是真正开始绘制未来价值流图。未来状态价值流图是团队运用精益原则及创造力（即头脑风暴）对规划的一种图形描述。绘制未来价值流图的步骤与绘制当前价值流图的步骤完全一致。当完成未来价值流图绘制后，还需要绘制未来信息流图。

制定未来价值流图实施计划

完成未来价值流图与信息流图的绘制后，绘制团队应该制定实施计划。该计划是绘制价值流图的最后一步，通常包括以下内容：

- 寻找、评估潜在供应商。
- 选择供应商并与之签订长期合同。
- 供应商处的价值流图。
- 供应商处的流程改善活动。
- 信息系统改善或实施新系统。
- 迁移工厂或工序。
- 为操作上的变化制定详细计划。
- 解决问题或降低变动性的活动。
- 流程工艺的变化。

为能有效实施，计划还应包含以下信息：

- 任务。
- 总体目标。
- 确定项目及主要任务。
- 时间期限。
- 明确团队领袖或负责人。
- 明确团队成员。
- 项目进展状况。

当价值流图绘制团队整理了实施计划后，计划中涉及的团队及个人就可以开始为各自的项目展开工作。当然，实施计划本身也应该定期及时更新，并能为整个组织所共享。

3.7 应用于您的组织中

请回答以下问题：

1. 在您的组织的价值流中，您觉得广域价值流图的七种（八种）浪费的程度如何？

2. 您的组织价值流中体现了哪些精益广域价值流的特征？哪些地方特别需要改善？

3. 您觉得为成功实施未来广域价值流，哪些供应商是特别重要的？您觉得未来价值流图中是否会包括新供应商？

第二部分

精益供应链的实施

Part 2

第4章

外包策略：如何确定外包时机

4.1 为精益企业构建自制或外部采购框架

第3章探讨了如何绘制未来价值流图及编制实施计划，现在让我们一起来看看整个实施过程。首先分析精益广域价值流中的外包问题。

在讨论评价精益生产商的供应商及长期合同时，我们必须首先对自制与外部采购做出决策。公司采取外包策略总有其考虑因素。外包一个部件或一条装配线取决于以下三个主要原因：

1. 节约成本。
2. 缺乏相应内部资源。
3. 着力于发展核心竞争力。

根据外包专家迈克尔·考比特的观点，差不多50%的主管人员都认为节约成本是采取外包策略的首要原因①。由此我们决定首先从成本角度入手，随后逐一分析其他原因。本章还介绍了决定是否采取外包策略的几种方法。

4.2 外包的第一个原因：从成本角度考虑——传统上按单个零件计算成本的外包模型

在为取得更低廉成本而外包一个部件或一条装配线前必须进行

① *The Outsourcing Revolution*. Michael F. Corbett. Dearborn Trade Publishing, 2004, p. 12.

深入分析。在很多情况下，只有当供应商采用更有效的流程或人力成本很低时，才有可能降低成本。在比较成本时，必须格外小心。因为在ERP系统中自制产品的标准成本中包含了固定成本，这与外部报价的标准成本不能等同比较。除非公司打算永久消除某些固定成本，否则真正的成本减少是指可变成本部分的减少。所以，假如供应商不能以低于公司可变成本的价格生产零部件，对于公司来说，外包并不能节约成本。

如果您正为降低成本而外包零部件或装配线，在搜寻时请选择那些能够使用更有效方法（或更低人力成本）生产零部件的供应商。这些供应商能够更快速和/或以更低成本生产零部件。甚至在加上管理费用与利润后，供应商仍可能以低于自制成本的价格生产零部件。

通常组织在决定自制或外包时，都会比较成本会计计算的标准成本与供应商报价。这么做其实是不合理的。标准成本里包括固定成本，不管是否在组织内生产，固定成本始终存在。很多时候供应商报价会低于自制的标准成本，但是当采用外包策略时，公司整体成本及其他产品成本都会上升。这是因为在外包时，不变的固定成本将分摊到更少数量的自制产品中，使自制产品的成本上升。唯一的例外情况是公司减少其部分运营设备（即降低其固定成本），并考虑把整个制造流程外包。在这种情况下，公司能够消除部分固定成本并可能获得更低的产品成本。当然在具体实施过程中还需要进行详细分析。

下面我们看一看EVS是如何评估外包能否为其公司节省成本的。

案例研究

EVS如何评估成本——传统模型

几年前EVS公司的大部分产品都是自己生产的。公司物料经理受命降低产品成本。

物料经理从生产量最高同时也有最大成本下降可能的A零件着手。A零件的标准成本为2300美元，其中可变成本（劳动力与物料）为1200美元，固定成本（包括机器设备及厂房等）为1100美元。一位供应商给出了1800美元的报价。由于EVS每年生产3000件A零件，所以如表4.1所示，物料经理以为通过外包他每年能够为公司节省150万美元。但是很可惜，其实公司并没有节约成本。

在本案例中真正成本减少部分是指可变成本的减少。公司每个零件减少了1200美元的成本，但是同时又增加了1800美元的外部采购成本。EVS公司通过外包这一零件实际增加了成本。每年EVS公司增加了180万美元成本，但是在其ERP系统中，如表4.2所示，A零件的标准成本却下降了（从原先的2300美元到后来的1800美元）。

成本增加的事实可以从与A零件使用同样设备的其他所有零件提高的标准成本中反映出来。这会导致物料经理外包更多其他零件，通过外包在名义上降低了成本，但是实际上却形成了自制产品标准成本增加的恶性循环。只有从整个公司盈利状况角度才能看出外包增加成本这一事实。

表4.1　A零件的标准成本

A零件标准成本	自制（美元）	外包（美元）
劳动力	1100	
物料	100	1800
固定成本	1100	
总（标准）成本	2300	1800
每件零件表面节省成本		500
每年表面节省成本（3000件/年）		1500000

表4.2　A零件相关成本

A零件标准成本	自制（美元）	外包（美元）
劳动力	3300000	
物料	300000	5400000
固定成本	3300000	3300000
总成本	6900000	8700000
每年实际增加成本		1800000
注意：外包后固定成本将被其他零件分摊		

以上EVS案例说明了什么？在计算外包是否能降低成本时，需要详细考虑所有相关成本。加工流程及劳动力成本是决定外包能否带来更低成本的两大因素。如果供应商拥有更优的加工流程，或者更低廉的劳动力成本（如墨西哥或中国的供应商），那么就有可能以更低的成本生产零件，否则就应该对外包可能带来更低成本产生质疑。首先供应商肯定在报价中包含了自己的利润。基于这一事实，假如供应商与公司使用相似的加工流程及同样的劳动力资源，那么仅仅通过外包几乎不可能降低组织成本。

向海外供应商采购以期节约成本。最近几年，生产外包有一种寻找海外供应商的趋势。显然，这一趋势背后的驱动因素是低廉的成本。单从采购价格这一项来看，对于任何元件来说，其海外制造商所提供的价格要比当地供应商低很多。曾经有位主管人员这么告诉我公司为什么决定向海外供应商采购："向海外供应商采购，公司可以至少节省50%的成本。我们的竞争者都这么做，所以我们也应该这么做，否则就会被淘汰出局。"

但是真正的结果可能更为复杂。尽管表面上公司节省了至少一半的成本，但是同样，表面成本节省并不能有效提高盈利。事实上，在某些情况下还会导致利润下降。尽管表面看上去没有很大关系，但两个主要问题与海外采购紧密相关：

问题1：库存增加。由于无法根据需求或拉动系统发送零件，所以从海外制造商处采购零件时，客户端将不可避免地持有更多库存。这些零件通常6个月一次甚至一年一次大批量运输至客户端。海外制造的零件越多，客户端就相应需要越大的空间来放置大批量零件。租金成本及库存持有成本都是隐性的，并最终被忽略。

问题2：质量问题。尽管海外制造产品的质量正在持续改善，同美国本土制造的产品相比，在某些情况下，海外产品的质量与之相差无几，甚至超过本土的质量，但是没有一位供应商可以运输百分之百无次品的零件。因此当使用6个月量的采购零件时，问题往往就出现了。这些问题将增加成本，而其中大部分增加的成本都被公司忽略了：

- **销毁零件成本**。由于高额的运输费用，少量次品几乎从不会被退还给供应商。
- **生产损失成本**。假如所有运输的零件都不合格，那么尽管供应商会加速生产并运输一批新的零件，公司仍然损失了宝贵的生产时间。
- **对能够使用几个月的库存零件进行整理的成本**。通过整理确定该批次零件的好坏及是否予以返工。当客户发觉次品比例达到一定程度时，他们就会对这些零件进行整理，根据次品率决定其是否合格以及是否返工。对于美国客户来说，由于都是用昂贵的美国劳动力成本计算的，所以该项费用相当大。

在某些情况下，一个精益组织确实能通过使用海外低廉劳动力的供应商提高利润。但是这种情况存在的数量要比我们想像的少得多。我们应该通过详细分析来权衡表面成本节约与增加的质量问题、运输及库存成本之间的关系。通常只有当选择海外供应商能带来巨大盈利可能的时候我才会予以推荐。

在决定是否选择海外供应商时有四个主要因素：

1. **客户的地理位置**。当公司客户与低劳动力成本供应商地处同一区域时，公司应该考虑在海外生产产品。比如我们假设一家美国公司的客户地处亚洲，那么该美国公司就应该考虑把产品生产完全转移至低劳动力成本的亚洲国家。尤其是当该产品是劳动力密集的出口品时，公司更加应该这么做。
2. **劳动力密集程度**。产品的劳动力密集程度是决定是否应该采用海外制造的主要因素。如果劳动力成本高，则应该考虑采用海外供应商。
3. **产品的复杂程度**。假如一件产品相当复杂，有以下两个原因导致其不适合于海外制造。其一是知识产权的保护。海外制造的普遍问题就是会诞生很多假冒品。其二是如果产品本身是出口品，海外制造将有可能带来不必要的麻烦。
4. **交付期**。如果产品的响应时间及交付期要求较高，海外制造很明显会出现问题。

不幸的是，在决定是否选择海外供应商时并没有简单的法则。在做出这一决定前需要把所有海外制造的相关隐性成本考虑进来。太多的公司仅根据采购价格就做出这一决定，这往往是导致最终失败的原因所在。

4.3 外包的第二个原因：资源缺乏

缺乏资源是制造商选择外包的另一个原因。通常来说这是外包最简单的形式，但是很多情况下很难将其称为外包，尤其是内部短期缺乏资源，组织偶尔把工作交给其他公司完成的情况。在元件制造中组织常常会用这种形式来弥补生产能力的限制，这种方式也被称为"过负荷能力"（surge capacity）。

可这并不是真正的外包。我们在第5章中将详细讨论外包应该是一种对双方组织都有利的长期商业关系。很多情况下，公司选取供应商的标准往往是其应对短期需求的能力，而很少用其他标准。

在一些由于缺乏资源而进行的外包中，的确可能形成真正长期商务合作关系。新成立的公司、正在开发新产品的公司以及正在遭遇客户需求巨大变化的公司是真正外包的三个例子。下面我们分别对它们进行分析。

1. **新成立公司的外包**。生产区域很小或根本没有制造资源的公司，自身不能生产大批量产品，因此这些公司不得不与供应商建立合作关系。这是由于缺乏资源寻求外包的一个例子。
2. **生产新产品而寻求外包**。假如组织开发了一种新产品，并由于需要巨额投资而无法实现自制，这时组织就可以与供应商建立合作关系，由供应商生产新产品。这种情况通常发生在公司开发了与其原产品线完全不同的产品时。
3. **客户需求发生巨大变化时寻求外包**。当公司的主要产品需求上升时（并不是由于季节而造成的变化），公司的生产能力可能不足以应付。这是公司寻求与供应商外包关系的理想时机。在这种情况下，公司往往会与供应商签订合同完全生产一条或几条产品线，或一条产品线中的大部分产品。

资源缺乏是外包生产的一个合理理由。无论是刚成立的，还是正在开发新品的，或是需求发生重大变化的精益组织，都可以选择外包产品线或产品线的一部分以应对这些变化。

4.4 外包的第三个原因：从核心竞争力角度考虑

有时候公司由于生产流程不是核心竞争力而选择外包该流程。我们如何理解这一原因及先前讨论的从成本角度考虑的外包原因之间的关系呢？像本章前面 EVS 案例中的分析每天都会出现在全球制造组织中，但是这样的分析在精益企业中并不能通用。在选择元件供应商时，精益组织不应该总是选择那些表面上看报价最低的供应商，应该从价值链着眼，而不是仅着眼于单个元件。“哪条价值链可以通过外包增加长期利润和现金流”是精益组织面对的问题，这也应该是精益组织在处理外包问题时的基本架构。

简单的外包测试：三个问题。在分析价值流时，精益组织如何辨识价值流中的核心部分？外包专家迈克尔·考比特运用一个简单测试来辨识核心竞争力：

1. 假如一切从头开始，我们是否仍然会在内部构建该生产力？
2. 我们公司是否擅长于生产该产品？会有公司愿意把该产品外包给我们公司生产吗？
3. 在这一领域中会诞生我们未来的领导者吗？

如果所有问题的答案都为“是”，那么公司就应该自制该产品。假如每个问题的答案都为“否”，则公司应该考虑外包[①]。这是验证部分价值流是否具备核心竞争力的一个非常简单有效的工具。

让我们现在暂时回到 EVS 案例中，看看应该如何实施该测试。

① *The Outsourcing Revolution*. Michael F. Corbett. Dearborn Trade Publishing, 2004, pp. 81-82.

案例研究

EVS 如何评估是否应该采取外包策略

在过去几年，EVS 公司从不向供应商外包，都是在内部加工所有元件。假如要 EVS 回答三个外包问题时，公司的答案会是怎样的呢？

1. **假如一切从头开始，我们是否仍然会在内部构建该生产力？** 假如 EVS 从头开始的话，公司是不会选择内部自制任何产品的。在 EVS 公司所在地南加利福尼亚州有许许多多的机械加工厂。
2. **我们公司是否擅长于生产该产品？会有公司愿意把该产品外包给我们公司生产吗？** 不会有任何人要 EVS 加工元件。EVS 的加工质量并不很高。
3. **在这一领域中会诞生我们未来的领导者吗？** EVS 公司未来领导者可能会从运营部门产生，因此该问题的答案有可能为“是”（加工生产经理很有可能会向运营经理发展并可能获得进一步晋升）。

本次测试的结论就是加工并不是 EVS 公司的核心竞争力。假如某部分是价值链的核心竞争力，就不应该外包。但是实际上当某部分不是核心竞争力的时候，并不能说明该部分应该被外包采购。制定外包决策时还需要进一步分析。下面我们来看看应该怎么分析。

4.5 评价非核心竞争力部分是否应该外包的方法

在找到了价值链中不是核心竞争力的部分后，组织就可以开始评价那些部分是否应予以外包。由于外包有可能会降低价值链的收益，从短期看该部分可能并不需要外包。假如公司能够遵循本书所列的方法外包非核心竞争力部分，公司会降低外包成本。但是很多时候，公司往往简单地根据最低报价选择供应商，而没有考虑其他更多因素。由于短期缺乏资源而寻求外包并不是一种真正的外包商业关系。

那么，精益组织如何决定典型非核心竞争力部分是否应该外包生产呢？假如能与专注于该段价值流的供应商（即在该部分拥有核心竞争力的供应商）发展长期合作关系，该供应商很有可能可以在获得利润的同时按照组织要求的价格很好地制造产品，这将是最好的方案。由于该段价值流对于精益组织来说并不是核心部分，所以组织自身也没有适用于该部分的最好的技术和资源。

相反，由于专注于该段供应链，供应商应该在那个领域拥有最好的技术和资源（也由此降低了成本）。最理想的状态是精益组织寻找精益供应商。如果找不到精益供应商，那么正如我们在本书第三部分所述，精益生产商（也包括供应商）会努力使供应商成为精益供应商。

第一种方法：计算经济收益——价值流的现金流量模型

首先假设组织决定外包非核心的部分价值流。从表面上看，假设寻找的专注于该段价值流的供应商肯定会以比内部自制更低的成本完成生产，这似乎是合情合理的。

但是实际上我们不应认为这是真实情况。我们需要证实该假设。为此我们开发了价值流的现金流量模型（value-stream cash-flow model，VSCF）来帮助我们评价部分价值流外包的经济效益。让我们通过 EVS 公司案例来运用该方法。

案例研究

EVS 公司如何评估部分价值流外包的经济效益

我们已经知道加工并不是 EVS 的核心竞争力所在，下面让我们一起来评估价值流中整个加工板块的外包。我们要问的问题是：“每年与该板块相关的现金流出是多少，假设内部自制，未来五年的现金流出是多少？”

首先我们来回答第一个问题。第一步，列出价值流板块需要消耗的所有资源：直接与间接人员、机器、厂房及物料。以上数据都是基于预期年产量及预期增长率估计得到的。下面我们将一一描述如何计算得到EVS以上所有成本：

计算直接人员成本

在EVS的加工板块一共有80名直接的工作人员，汇总所有成本（包括福利、员工保险、工资及其他个人直接相关成本），每年的现金开销为600万美元。

根据以往历史数据，EVS公司决定在未来五年内按照每年10%的增长率、单位成本增加1%的方法来计算（实际上单位成本增加要大于1%，但是精益生产与持续改善将降低成本，使整体上升的单位成本保持在1%的年增长率水平）。

计算物料成本

EVS只计算了物料成本，结果大约为100万美元。根据历史数据，EVS预计五年内将按照10%的年增长率及3.5%的单位成本增加率来计算。

计算间接人员成本

目前有包括采购、规划、加工工艺及维护在内的15名支持人员，每年的现金开销为180万美元。根据历史数据，EVS认为单位成本每年增加5%。

计算设备成本

设备维修及升级成本都应包含在成本预测范围内。EVS公司的该项成本每年都在变动。EVS公司有个固定设备计划，每年根据这个计划拨款用于固定设备：

第一年：20万美元

第二年：230万美元

第三年：125万美元

第四年：90万美元

第五年：200万美元

注意：从会计角度讲，虽然每年资本设备都会按照一定比率折旧，但是我们只关心现金流。

计算厂房成本

EVS的所有加工设备占用的厂房面积为5万平方英尺，这将每年给公司带来150万美元的成本，并将按照3.5%的速度逐年上升。假如EVS外包加工板块，公司可以将此块地皮用于其他项目或对外出租。

公司还可以考虑把加工板块外包给当地的加工工厂，同时出售或出租EVS公司设备并出租该厂房。

计算总成本

总成本计算结果如表4.3所示。

表 4.3　现金流出表　（单位：美元）

年份	直接人员	物料	间接人员	设备	厂房	总现金流出
1	6000000	1000000	1800000	200000	1500000	10500000
2	6660000	1135000	1926000	2300000	1552500	13573500
3	7392600	1288225	2060820	1250000	1606838	13598483
4	8205786	1462135	2205077	900000	1663077	14436076
5	9108422	1659524	2359433	2000000	1721285	16848663

为了计算表 4.3 中现金流量的净现值，EVS 需要了解公司的资本成本。为此，项目团队请教了公司的财务部门。据财物部门提供的数据，项目团队应使用 15% 的资本成本进行计算。资本成本是公司现有资产为满足股东及债权人要求必须达到的回报率。换句话说，对任何项目投资只有回报率达到或高于 15% 时才能予以接受。在这一资产回报率基础上，现金流出的净现值为 48609613 美元。

我们现在要问："假如外包加工业务，现金流出净现值是否会低于 48609613 美元?" 通过分析准备外包的价值流部分及 EVS 的目标成本，我们便可以较肯定地回答该问题了。在评估阶段还需要同时考虑与外包相关的项目成本。下面我们介绍目标成本法（target costing）。

4.6　目标成本法

人们对目标成本的看法各有不同。有些人认为目标成本必须严格根据所谓的系统中标准成本计算得到，有些人觉得应该使用内部加工成本计算目标成本。

实际上，目标成本应该是产品设计的规划部分中的一项活动。首先设定目标成本，随后根据目标成本设计产品。在第 11 章讨论到供应商在产品设计中的角色时，我们将进行详细探讨。当产品已经完成设计时，该如何为外包部分设定目标成本呢?

根据经验，最好的方法就是让有实力的供应商们对此项目报价——不是对单个零件报价，而是对整个项目报价。在传统大批量生产时，这样的做法可能被视为不道德的做法。但是在第 5 章中我们将看到，传统的买方—供应商关系已经不复存在。此时聪明的读者可能要问："为什么我们不是先进行评估呢?"在没有我们相信的供应商存在的时候，我们的确应该先进行评估。下面我们来看看 EVS 是如何处理这一问题的。

案例研究

EVS 如何决定是否外包

现在我们假设 EVS 公司在这个项目中有两家值得信任的供应商。EVS 公司请每家供应商对这个项目报价。假设报价的结果如下：

- A 供应商：9550000 美元。
- B 供应商：9950000 美元。

以上两个数据都非常接近第一年的内部自制成本 1050 万美元。

下一步 EVS 要做的是根据这些数据计算 5 年现金流量。出于保守，EVS 使用数值较大的 B 供应商数值来分析计算。以下就是公司使用的一些假设：

- 每年数量增加 10%。
- 单位成本不变。事实上对现有产品 EVS 公司将同供应商一起合作以降低成本。但是现在我们假设单位成本保持不变。

根据这些简单的假设，公司绘制了如表 4.4 所示的 5 年现金流。

表 4.4　EVS 公司 5 年现金流

年　份	成本（美元）
1	9950000
2	10945000
3	12039500
4	13243450
5	14567795

按照 15% 的投资回报率，现金流出的净现值为 39659087 美元。也就是

说过了 5 年，EVS 可以节省 8950626 元）。即使在最保守的估计下，外包
美元（48609613 美元－39659087 美 该项业务也可以为 EVS 公司省钱。

那些值得信任的供应商使 EVS 能够展开以上分析并做出是否需要外包的决策。可是对一些首次外包生产的公司来说，往往没有可信任供应商的存在。在这种情况下，有其他方法评估外包是否能带来精益效应吗？显然，任何精益组织在决定是否外包前都希望能够避免供应商评估的整个过程（在花费时间评估完潜在供应商后，公司有可能会发现，从经济角度看，与其外包，还不如内部自制更合算）。还好，有一种方法可以在避免整个评估过程的情况下确定外包是否能够带来经济效益。让我们一起来看看这个方法。

第二种方法：研究流程技术

这种方法在实际运用中相当简单。在本章的前面我们曾提及，如果没有更先进的流程，供应商将不可能以更低的成本生产零部件。在这里我们使用同样的思维方式，对能应用于已有产品的流程类型进行仔细研究：假如流程更为先进，外包将可以带来经济效益。通常来说，新技术的应用可以显著提高生产率。有时候使用完全不同的生产流程可以在很大程度上降低成本，如用铸造、塑料注射成型、金属注射成型等取代机械加工及用喷水钻进法取代普通钻孔方式。

研究流程相对来说比较简单，建议如下：

- **使用因特网**。因特网上有很多资源：文章、网站及潜在供应商。您可以在上面找到许许多多流程技术的相关信息。
- **同现有供应商交流**。这么做可以引入新的流程技术。好的供应商往往对新流程技术比较敏感，但不幸的是，很少有人向其咨询。
- **与咨询顾问或其他专业人员交流**。许多咨询顾问都有流程方面的知识。他们可以协助进行流程研究及供应商定位研究。
- **参加展览会**。在过去，参加展览会可以发现新技术。现在展

览会仍然是发现新技术的一种很好的方法，但是随着因特网的普及，展览会的作用在逐渐下降。

通常来说，流程工程师、加工工程师或工业工程师都非常适合进行这类研究，因为他们对于加工技术都非常精通。向使用某个特定流程的供应商展示样品零件及/或图纸能够使供应商判断该流程是否适用于该特定产品。

假如能够使用该流程，并且经过研究表明该流程具有很大的成本优势，那么我们就应该采取外包策略。那时，团队就应该着手开始评估潜在供应商，这是第5章将要探讨的问题。

4.7 本章关键点小结

外包的理由

对大多数组织来说，外包零件或装配主要基于以下几个原因：

- 节约成本。
- 缺乏相应的内部资源。
- 重新着力于发展核心竞争力。

外包成本的分析

我们总是把供应商报价与“系统中”的标准成本进行比较分析，但是这个看似正确的方法却没有包含几种隐性成本。实际上，除非供应商使用了更为有效的生产方法或劳动力成本更低，否则外包总成本往往可能高于自制成本。除了少数情况外，由于缺乏资源的外包往往是为了满足短期需求而不是出于战略角度的考虑，因此通常不是真正的外包关系。外包非核心竞争力流程才是精益企业应该使用的方法。

外包盈利性的判断

如果某个流程是非核心竞争力，那么在有盈利的条件下应该选择外包生产。在判断外包该流程是否有利时，应使用考虑未来现金流入及流出现值的价值流现金流量模型。另一种判定外包零部件是否具有经济效益的方法是研究新的流程。假如潜在供应商使用了更为先进的加工流程，且研究表明该流程能够带来巨大的成本优势，那么就应该采取外包策略。

4.8 应用于您的组织中

请回答以下问题：

1. 回想一下过去您的组织中的外包决策。这些外包决策背后的主要驱动因素是什么？当时做了哪种类型的分析？

2. 考虑您的组织中目前的外包关系。您觉得这一外包关系算成功吗？为什么成功或不成功？供应商是否提供了所需的所有流程专家、人员及技术？

3. 您的组织的核心竞争力是什么？有没有非核心竞争力的流程是在组织内部进行的？

第5章

为精益广域价值流评估现有及潜在供应商

5.1 为什么供应商评估经常失败

一旦公司决定外包（第4章中探讨的话题），您就需要对潜在供应商进行评估。供应商评估是几乎所有制造企业在实践中最关键的一个步骤。对于一个大中型组织来说，公司内部经常会有一些员工专门从事供应商的评估、审核及开发，这充分证明了为保证客户满意，供应商的表现是至关重要的。

不过，尽管几乎所有公司都宣称仔细评估了供应商，其中仍然会有很多公司遭受供应商产品质量及送货时间等问题的困扰。为什么会出现这种情况呢？经过这几年对客户的观察，我们总结出两个主要原因：

1. **缺乏培训**。评估供应商并不是一项简单的活动。很多情况下，评估供应商的相关人员并没有接受过任何培训。通常他们只具有采购或工程制造方面的经验，尽管这些经验对于评估过程来说肯定会起到一定的作用，但是这些经验并不能取代供应商评估方面的培训。
2. **缺乏评估系统**。许多组织并没有一个供应商的评估系统。因此，也只能基于个人关系或“第六感”来选取新供应商。审查供应商以往供货记录和与新供应商建立良好合作关系这两点对于供应商的评估来说都很重要。历史数据不会说谎。本章中讨论的标准及方法将有助于读者在他们自己的组织内构建系统。

值得注意的是，有一小部分供应商评估审核人员非常喜欢（使用自己公司或供应商的费用）到处旅游、宴请或接受高级礼物。这使得那些热情款待买方代表的供应商无论其业绩如何，都可以继续获得业务订单。这种情况可以通过使用团队的方法解决，组织应对该团队进行培训并使团队应用一个系统来进行评估。

那么我们应该如何建立一个能够持续准确评估潜在及现有供应商的系统呢？我们将详细分析基于经验得出的对现有及潜在供应商进行评估的有效方法，评估流程从选择团队开始。

5.2 选取评估团队

应该由跨部门的团队而不是单个个人来评估潜在供应商，这一点是非常重要的。团队的方法能够避免一些常见隐患：

- 团队方法能够防止根据“第六感”或个人关系选取供应商。在选择供应商时有一些不同观点是非常重要的。在聘用重要人员时，组织中往往会有几个人面试该岗位应聘者。那么在选取关键供应商时为什么不能使用同样的方法呢？
- 团队方法能够确保在评估过程中涉及所有关键方面。假如只有一个人进行评估，可能他或她就会特别关注自己擅长方面的评估工作。

因此，评估团队应该包含以下部门的成员。

价值流的制造工程师

对于每条价值流都应该有一名相应的制造工程师负责，而不是为采购服务的供应商质量工程师或采购工程师。制造工程师将参与供应商寻找、评估及审核的每个环节。由于该工程师负责价值流的改善，所以他或她将确保供应商的良好业绩表现。同时，该工程师的奖金也应该与其负责的价值流评价指标如价值流盈利水平、质量指标及生产率改善指标挂钩。在本章后面我们将详细分析具体评估指标。

外包经理

外包经理（或外包项目经理）也应该参与整个评估过程。外包经理掌管着与供应商组织间的合同。由于外包经理的主要职责不是采购商品，而是管理与外包供应商间的关系，所以我们称其为外包经理而不是“采购员”或“采购代理”。在第6章中我们会看到，在大多数情况下，精益组织的采购交易行为是根据看板系统产生的，在这些组织中，传统的采购模型已经不再适用。

质量或管理代表

在供应商评估中，质量是个关键问题：虽然制造工程师可以在质量上发挥其专长，但一些组织还是应该指派一名质量或管理代表参与供应商评估过程。例如，公司生产医疗设备，在评估审核过程中质量或管理代表的参与将有助于确保质量。这一评估审核既可与常规评估审核同时进行，也可单独进行。

产品设计代表

许多制造外包关系最终会带来设计外包的机会。尽管组织可能没有打算外包任何零件的设计，但一个好的供应商至少可以为设计提供一些灵感。无论怎样，使产品设计人员参与到团队中来是非常重要的（在第11章中将讨论供应商参与设计）。

5.3 新供应商的评估流程

对新供应商进行评估时应该考虑三个关键要素：

1. **财务及运营**。这部分评估主要是看公司的运营及财务状况，评估诸如交付期、库存周转率和及时发货等关键运营指标，同时还需要分析关键财务指标及比率。显然，即使供应商拥有过硬的技术，同时还必须具备财务稳健、运营良好的先决条件。

2. **技术和/或流程专长**。这部分评估主要关注信息流和物料流中所使用的流程技术类型，其中包括与买方相连接的信息系统类型、使用的生产设备类型及组织中员工的专业技术水平。同时该评估可能还包括产品设计专长及技术（如软件）。
3. **商业合作关系**。这部分评估将从商业关系的角度分析公司与其员工及客户的关系，评估该供应商是否适合组织。这对于评估任何潜在供应商都是非常重要的。面试筛选潜在供应商的过程与面试应聘者的过程相似：该过程都有助于确定双方是否相互匹配。有时，即使某个供应商在技术、财务及运营方面的评分都相当高，可能还是不适合于组织。这就是为什么么必须对潜在商业合作关系进行定性分析了。

图5.1概括了这三个要素的评估，接下去的章节将就每种要素的评估予以详细说明。

5.4 评估的第一步：财务及运营

这是供应商评估过程中最大的一块内容。该评估分析了许多与绘制价值流图中相同的项目及其他一些项目，具体如下：

评估订单处理系统。订单处理系统是买方与组织的直接接触平台。滞后的处理系统将对整体交付期产生负面影响，导致在订单输入与实际生产之间经常存在很长的排队时间。评估过程中应对以下问题予以审核：

- 客户如何收到订单（如通过因特网、电话或传真等）？
- 订单进入生产控制系统需要多少时间（即排队时间是多少）？
- 确认订单修改请求及工艺变化需要多少反应时间？

评估信息管理系统。组织中信息管理的方式直接影响对客户的反应及时性。评估过程中应对以下问题予以审核：

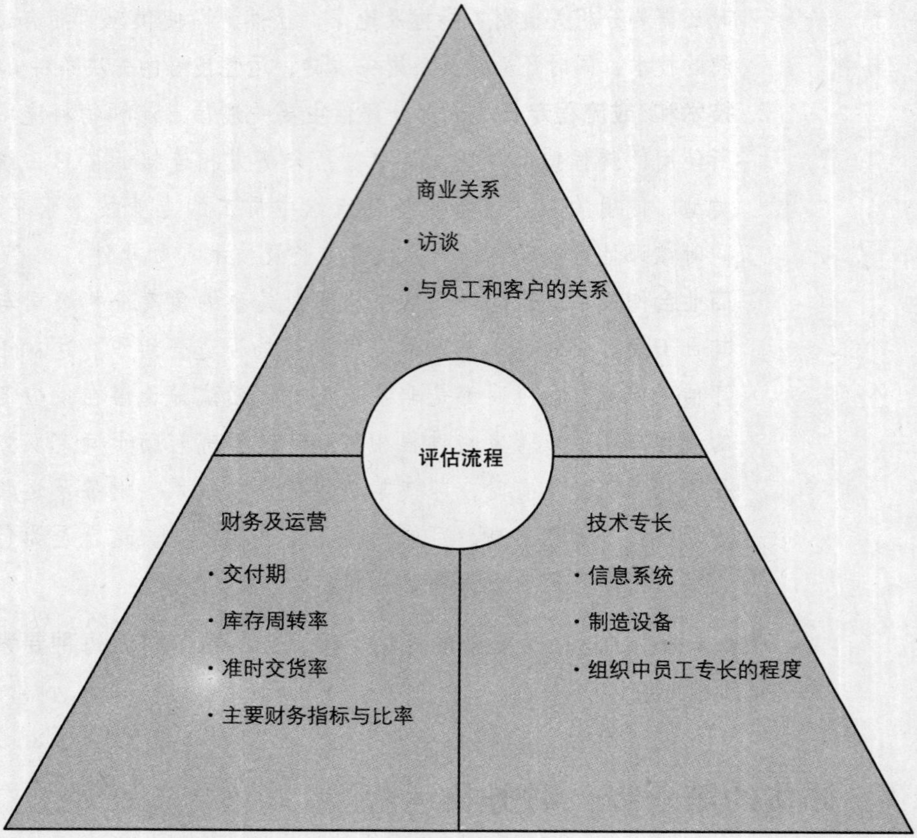

图 5.1　供应商评估流程

- 订单与工厂活动间的关系是怎样的？
- 组织使用了哪种类型的系统［如企业资源计划（ERP）、物料需求计划（MRP）、制造执行系统（MES）］？

评估调度系统。一个公司所使用的调度方法将在很大程度上说明了该公司的类型。有效的调度往往暗示组织的运作很有条理，能适应外界变化；而随意的调度常常会引发问题。工厂中的在制品库存量也是调度系统有效性的体现。评估过程中应对以下问题予以审核：

- 工厂活动是如何调度的？

- 有没有使用 MRP/ERP 系统来安排每天的生产活动?

评估设备的维护保养。糟糕的设备维护将造成浪费，表现形式为过量库存及劣质产品。在缺乏有效的预防性养护计划下，任何一家供应商都很难实施精益生产。同样，对于一家希望在整条供应链上推广精益生产的精益公司来说，也不应该考虑选择一家没有很好的预防性养护计划的供应商（除非没有其他选择）。评估过程中应对以下问题予以审核：

- 该供应商有没有预防性的养护计划或全员生产维护计划?
- 供应商组织中有没有常规检查以确保生产灵活有效?

评估客户关系管理。与客户沟通的界面对于供应商来说是相当重要的，因此总是需要一名专职项目经理来对此负责。在每一个外包关系中都需要有一个主要联络人。对于价值流的改善来说，清晰的成本结构也是非常重要的。评估过程中应对以下问题予以审核：

- 对每个主要客户是否都有一个专职的项目经理?
- 组织是否采用透明政策（即清晰的成本结构和/或流程）?
- 目前客户管理采用的是哪种系统?

评估供应商管理。供应商管理自己的供应商的方式也能够反应该供应商如何处理其客户要求。评估过程中应对以下问题予以审核：

- 目前使用何种系统管理供应商?
- 公司与公司主要供应商之间的关系属于哪种类型?

评估物料流。尽管并不总是能够找到一家精益供应商，但如果潜在供应商在其工厂内部及与其供应商之间拥有有效的物料流，那么这也是一种优势。另一方面，假如供应商拥有大量库存，那么在创建精益广域价值流时就会花费更多的时间，遇到更多的困难。评估过程中应对以下问题予以审核：

- 在自制过程中，物料补充使用的是哪种系统?
- 从供应商处补充物料使用的是哪种系统?
- 工厂中物料是如何传输的?

- 物料流中使用连续流、拉动系统（或先进先出）及推动系统的比率是多少？

评估 5S 的实施及维护。5S 系统是实施精益生产的良好基础。假如一个潜在供应商拥有一套有效的 5S 系统，那么该供应商在实施更为先进的精益制造时就有了相应的基础。评估过程中应对以下问题予以审核：

- 组织是否实施了 5S 系统？
- 为维护 5S 系统运行，组织正在开展哪些活动？
- 这些活动都是常规活动吗？

评估设计与生产之间的关系。如果供应商组织内有设计部门，在开发产品时必须使设计团队与生产团队紧密合作，这一点至关重要。假如不这么做的话，由于反复多次修改设计，开发一个适合于生产的产品所花费的时间将被拖延。尽管几乎所有供应商都会宣称自己设计的产品完全适合于生产过程，但我们还是应该亲自予以核实。评估过程中应对以下问题予以审核：

- 生产人员应该在哪个阶段以何种程度参与到产品开发过程中？
- 开发一种产品平均需要花费多少时间？

评估质量体系。尽管几乎所有组织都有某种形式的质量声明或质量手册，但进一步核实有效质量体系是否存在仍然十分重要。评估过程中应对以下问题予以审核：

- 是否存在质量体系及文件？
- 如果有的话，该体系在价值流的每个部分（即供应商管理、客户管理、工厂管理及信息管理）的有效性如何？

评估财务指标。一些关键的财务指标与比率往往可以反映出一个公司财务状况稳健与否，同时还有助于判断公司是否真正实施了精益生产。一些所谓的精益公司往往与没有实施精益生产的公司拥有差不多的库存水平，这表明它们仅仅是名义上的精益。需要计算与分析的指标包括：

- **股本回报率**（ROE）。ROE衡量的是公司使用投资资本的有效性，是最常用的一种财务绩效考核指标。

ROE = 净收入/股东权益

- **资产回报率**（ROA）。ROA是衡量资源管理的最基本的指标。

ROA = 净收入/资产

- **固定资产周转率**。该指标衡量每单位资产所产生的销售收入，反映公司使用资产的有效性。

固定资产周转率 = 销售收入/净资产、厂房及设备

- **与行业平均水平相比的库存周转率**。这个关键的精益指标衡量的是公司如何有效管理其供应链。

库存周转率 = 售出产品成本/平均存货

- **流动比率**。该指标是公司流动资产与流动负债的比率。

流动比率 = 流动资产/流动负债

评估非财务指标。其中包括：

- **交付期**。该指标用来衡量供应链的有效性。交付期与库存是成比例的。系统中的库存量越少，交付期就相应越短。机构中的库存天数大致等同于交付期。交付期可以较为形象地理解为对一批新进的原材料做上标记并开始计时，直到该原材料被制成成品从机构中运出所需要的时间。
- **平均报价提前期**。这是指从客户下达订单到公司开始处理订单的平均时间。
- **平均报价周转期**（quotation turnaround time）（**及标准差**）。这个指标反映了一般情况下公司对客户询价的答复速率和频率。
- **生产增长率**。生产增长率表明组织在其精益化道路上的进程。假如公司的生产率能够每年提高10%或更多，尽管还有其他因素会导致生产率增加，但我们还是应该承认公司发展得非常好。10%的生产增长率意味着公司在不需要大量增加劳动力数量的情况下就可以提升10%的销售额。

- **员工旷工率（缺勤率）**。这个指标反映了公司如何对待及爱惜其员工。一个真正的精益公司非常重视自己的员工。实际上，员工是一家企业最宝贵的资产。
- **平均首次合格率**。这个指标反映了内部流程健全与否。假如某个供应商的首次合格率较低，那么很可能在该供应商的机构中存在着“隐蔽工厂”（hidden factory）。这样的隐蔽工厂会显著增加成本与交付期。
- **客户退还率**。产品遭客户退还的比率是衡量出厂质量的一个指标。
- **设备完好率**。设备正常运行时间表明设备维护的好坏，很低的设备完好率使精益生产的实施变得困难。

  设备完好率 =（总生产时间 - 未计划的停工期）/总生产时间

表 5.1 是评估潜在供应商财务及运营状况时需要审核的问题清单与指标。

表 5.1　评估潜在供应商财务及运营状况时需要审核的问题清单与指标

评估订单处理系统
- 客户如何收到订单（如通过因特网、电话或传真等）？
- 订单进入生产控制系统需要多少时间（即排队时间是多少）？
- 确认订单修改请求及工艺变化需要多少反应时间？

评估信息管理系统
- 订单与工厂活动间的关系是怎样的？
- 组织使用了哪种类型的系统［如企业资源计划（ERP）、物料需求计划（MRP）、制造执行系统（MES）］？

评估调度系统
- 工厂活动是如何调度的？
- 有没有使用 MRP/ERP 系统来安排每天的生产活动？

评估维修
- 该供应商有没有预防性的养护计划或全员生产维护计划？
- 供应商组织中有没有常规检查以确保生产灵活有效？

评估客户关系管理
- 对每个主要客户是否都有一个专职的项目经理？
- 组织是否采纳透明政策（即清晰的成本结构和/或流程）？

- 目前客户管理用的是哪一系统？

评估供应商关系管理

- 目前使用何种系统管理供应商？
- 公司与公司主要供应商之间的关系属于哪种类型？

评估物料流

- 在自制过程中，物料补充使用的是哪种系统？
- 从供应商处补充物料使用的是哪种系统？
- 工厂中物料是如何传输的？
- 物料流中使用连续流、拉动系统（或先进先出）及推动系统的比率是多少？

评估5S的实施及维护

- 组织是否实施了5S系统？
- 为维护5S系统运行，组织正在开展哪些活动？
- 这些活动都是常规活动吗？

评估设计与生产之间的关系

- 生产人员应该在哪个阶段以哪种程度参与到开发过程中？
- 开发一种产品平均需要花费多少时间？

评估质量体系

- 是否存在质量体系及文件？
- 如果有的话，该体系在价值流的每个部分（即供应商管理、客户管理、工厂管理及信息管理）的有效性如何？

评估财务指标

- 股本回报率（ROE）：ROE＝净收入/股东权益
- 资产回报率（ROA）：ROA＝净收入/资产
- 固定资产周转率：固定资产周转率＝销售收入/净资产、厂房及设备
- 与行业平均水平相比的库存周转率：库存周转率＝售出产品成本/平均存货
- 流动比率：流动比率＝流动资产/流动负债

评估非财务指标

- 交付期
- 平均报价提前期
- 平均报价周转期（及标准差）
- 生产增长率
- 员工旷工率
- 平均首次合格率
- 客户退还率
- 设备完好率：设备完好率＝（总生产时间－计划外的停工期）/总生产时间

5.5 评估的第二步：流程专长

这一部分将逐一详细分析各种流程技术。

评估生产技术。外包生产的一个主要原因就是利用供应商先进的生产流程及技术。因此，供应商如何有效使用关键技术是非常重要的。评估过程中应对以下问题予以审核：

- 就已完成的研究而言，您目前使用使能制造技术（enabling manufacturing technology）有多久了？
- 有没有一种评估当前技术并寻找新的使能技术的体系？

评估软件及系统技术。电子商务要么被当成解决供应链中所有沟通问题的万能药，要么就被当成一种无用的工具被丢在一边。事实上，尽管仅凭电子商务系统无法解决广域价值流中的所有沟通问题，但电子商务对改善信息流还是起到了很大的作用。组织的供应商假如拥有这种能力无疑将是一种优势。评估过程中应对以下问题予以审核：

- 假如有的话，供应商组织内使用的是哪种 ERP/MRP 系统？有没有开展电子商务的能力？
- 供应商组织与现有客户间有没有建立起自动订货？

评估设计专长及技术。当您考虑向供应商外包产品设计时，需要考虑以下三个因素：

1. 所使用的设计软件类型。
2. 所使用的产品数据管理（PDM）软件类型。
3. 工艺专长。

从整个系统角度而言，如果买方系统能够与供应商系统相互传输信息的话，那是再好不过的了。评估过程中应对以下问题予以审核：

- 使用了哪种设计软件？该软件与买方的软件是否兼容？
- 是否有产品数据管理软件？是否与买方对应的软件兼容？
- 就经验、教育水平及特殊技能（如机械、电气等）而言，供应商组织内存在哪种类型的工艺专长？

表5.2给出了评估供应商流程专长时需要审核的问题列表。

表5.2　评估潜在供应商流程专长需要审核的问题列表及指标

评估生产技术
• 就已完成的研究而言，您目前使用使能制造技术有多久了？
• 有没有一种评估当前技术并寻找新的使能技术的体系？
评估软件及系统技术
■ 假如有的话，供应商组织内使用的是哪种ERP/MRP系统？有没有开展电子商务的能力？
■ 供应商组织与现有客户间有没有建立起自动订货机制？
评估设计专长及技术
■ 使用了哪种设计软件？该软件与买方的软件是否兼容？
■ 是否有产品数据管理软件？是否与买方对应的软件兼容？
■ 就经验、教育水平及特殊技能（如机械、电气等）而言，供应商组织内存在哪种类型的工艺专长？

5.6　评估的第三步：商业关系

这一部分审查的主要目的是确定在与潜在供应商开展业务往来时，双方的合作关系如何。这一过程与招聘过程中的“软因素”非常相似。就像雇主往往会事先确定潜在雇员形象一样，买方也需要事先确定其希望与供应商建立的合作关系。

每个潜在供应商都需要得到平等对待，这一点非常重要，所以对于每个供应商都应使用相同的面试问题。这部分审查包含了以下几项活动：

与关键人员进行面谈。这轮面谈的对象应该是供应商项目经理、生产管理人员及主管人员。尽管采购人员的偏好不同可能导致面试问题存在差别，但是通过这些面试问题应该都能够解答一些关键事项：

- 潜在供应商如何看待其自身的竞争优势？换句话说，潜在供应商是否知道客户为何与其合作？
- 潜在供应商如何解决其与客户之间的问题？（在任何买方—供应商关系中都会出现问题，买方需要知道这类问题是如何被解决的。）
- 潜在供应商是否愿意接受来自于客户的协助？（为成功实施精益广域价值流，供应商必须愿意接受协助。）
- 潜在供应商与其客户之间的关系是哪种类型的？潜在供应商是否愿意与客户保持密切合作关系？
- 潜在供应商是否理解精益生产？是否愿意实施精益？
- 潜在供应商是否曾经成功协助过其客户降低成本？［曾经有过此类成功案例（可以通过其客户予以核实）的供应商非常罕见。尽管几乎所有供应商都会宣称帮助过其客户降低成本，但是其中很少是真正成功的。］
- 潜在供应商对其组织的前景有何展望？（假如公司高层对未来没有任何展望，那么公司几乎不会有什么前途。这类供应商也不应纳入精益供应链的范畴。）

对一些客户进行访谈（通过电话）。对客户的访谈将有助于评估团队确定潜在供应商对其自身的评价是否与客户对它的评价一致？组织应至少与供应商的客户交流以下问题：

- 为何喜欢与这个供应商合作？
- 如何描述与这个供应商之间的商业关系？
- 你们之间曾经出现过哪些类型的问题？最终这些问题是如何被解决的？

表5.3是您应该就潜在供应商与其目前部分客户之间的商业关系需要询问的问题清单。

表 5.3　供应商与其客户商业关系的问题清单

与关键人员（如经理、工程师及主管）的面谈

- 潜在供应商如何看待其自身的竞争优势？换句话说，潜在供应商是否知道客户为何与其合作？
- 潜在供应商如何解决其与客户之间的问题？
- 潜在供应商是否愿意接受来自于客户的协助？
- 潜在供应商与其客户之间的关系是哪种类型的？潜在供应商是否愿意与客户保持亲密的合作关系？
- 潜在供应商是否理解精益生产？是否愿意实施精益？
- 潜在供应商是否曾经成功协助过其客户降低成本？
- 潜在供应商对其组织的前景有何展望？

与潜在供应商的客户访谈

- 为何喜欢与这个供应商合作？
- 如何描述与这个供应商之间的商业关系？
- 你们之间曾经出现过哪些类型的问题？最终这些问题是如何被解决的？

既然您已经知道了供应商评估的一些基本知识，下面让我们一起来看看 EVS 是如何评估供应商的。

案例研究

EVS 如何评估机械加工元件的潜在供应商

在完成未来状态价值流计划后，EVS 公司的主要项目之一就是要寻找替代 Trotsky Metals 公司的供应商以提供机械加工元件。EVS 公司已经决定与两家供应商签订合同。EVS 相信这么做能够有效减轻仅有一家主要机械加工元件供应商的风险，而且由于 EVS 的订单数量较大，公司不希望任何一家供应商的业务太过依赖 EVS。

EVS 如何选择其供应商评估团队

为了寻找、评估及选择新供应商，EVS 组建了包含以下人员的一个团队：

- **外包经理**。外包经理将负责领导整个团队、合同谈判、组织面试、审查及评估财务运营指标。EVS 公司的外包经理应该有广泛的精益生产方面的经验。假如外包经理不具备这方面的经验，团队将再增加一名具有精益专长的人员。

- **制造工程师**（2）。这些工程师将负责识别关键的流程技术，并就供应商的技术竞争力予以评估。这些工程师也具备丰富的精益生产经验，可以与外包经理形成互补。
- **质量经理**。质量经理主要负责关键质量审查项目的评估。

EVS 如何确认其供应商筛选标准

团队首先为一些潜在供应商制定了筛选标准。该标准包括以下几个方面：

- **地理位置**。供应商距 San Simeon 装配厂不得超过 50 英里。因为 EVS 公司希望供应商最好能每天发送两次货物，要是不行的话，至少也得保持每天发送一次货物的频率。在这样的要求下，供应商的地理位置就显得非常重要了。对于 EVS 现在的供应商来说，由于相距 3000 英里，所以不可能满足这一要求。
- **规模**。理想的供应商至少拥有 5 万平方英尺的生产厂房面积。EVS 不愿意同规模较小的机械加工厂合作，也不希望其订单占某个供应商业务中的绝大部分（这并不是说小规模机械加工厂不好，只不过是 EVS 公司偏好大型加工厂）。
- **流程技术**。每家供应商必须具备高速钻孔加工能力。EVS 的流程工程师发现只要具备这一能力，许多元件的生产都可以快很多。但是 EVS 现在的供应商 Trotsky Metals 公司并不具备这种能力。EVS 相信这种高速钻孔加工能力能够显著降低其机械加工元件的成本。
- **流程技术**（2）。各家供应商必须具备一定的组装能力。因为有一些机械加工元件在送往 San Simeon 装配厂之前就需要组装在一起（在几乎所有情况下，假如供应商正在生产能够组装在一起的元件，那么该供应商就值得考虑是否需要把生产的元件组装起来）。
- **精益方法论**。供应商公司必须在运营中实施了精益理念。这并不是说供应商在此刻已经完全采纳了精益生产，而是制造供应商至少已经成功运用实施了一些精益生产的工具。EVS公司希望其供应商最起码已实施了5S系统。

基于以上标准，团队（通过因特网）研究了在洛杉矶地区的许多组织。通过电话访谈，公司最终确认了10家洛杉矶地区的满足以上标准的供应商。这10家供应商距San Simeon装配厂都不超过25英里。以下是这10家潜在供应商的名单：

1. Alpha制造厂
2. Beta机械公司
3. Kappa公司
4. Gamma公司
5. Lambda精密设备公司
6. Phi工程与制造公司
7. Sigma生产公司
8. Tau金属加工厂
9. Theta机床公司
10. Omega制造厂

为了对以上10家组织进行评估，EVS团队基于筛选标准制定了审查面试表格。为了能够在审查时展开充分讨论，团队需要事先计算一些主要指标。所以在拜访审查潜在供应商前，团队请他们各自事先准备了一份文件。该文件的具体内容如下：

- 最近3年的财务报表：资产负债表、利润表及现金流量表——这些财务报表可以用来计算所有的财务指标。
- （假如有的话）价值流图或流程图。
- （假如有的话）质量手册。
- 部分现有客户及证明人。

随后每家供应商都开始使用如表5.4、表5.5及表5.6所示的EVS公司审查表格开始审查。每张评估表都根据表5.7所示的标准予以评分。

表5.4 EVS评估潜在供应商的指标

EVS公司供应商筛选审查指标

项　目	计算公式	分　数
股本回报率（ROE）	ROE＝净收入/股东权益	
资产回报率（ROA）	ROA＝净收入/资产	
固定资产周转率	固定资产周转率＝销售收入/净资产、厂房及设备	
流动比率	流动比率＝流动资产/流动负债	
与行业平均水平相比的库存周转率	库存周转率＝售出产品成本/平均存货	
平均交付期		

（续表）

项　　目	计算公式	分　数
平均报价提前期		
平均报价周转期		
平均报价周转期标准偏差		
生产增长率		
人均销售额		
员工旷工率		
平均首次合格率		
设备完好率	设备完好率＝（总生产时间－计划外的停工期）/总生产时间	
员工流失率		

表 5.5a　EVS 评估潜在供应商的运营（第一部分）

EVS 公司供应商筛选审查——运营评估（第一部分）

问　　题	答案/证明文件	分　数
订单处理系统		
如何从客户处接收订单（因特网、电话、传真等）？		
订单进入生产控制系统需要多少时间（排队时间）？		
确认订单修改请求及工艺变化需要多少反应时间？		
信息管理系统		
订单与工厂活动间的关系是怎样的？		
调度系统		
工厂活动是如何调度的？		
有没有使用 MRP/ERP 系统来安排每天的生产活动？		
维修		
有没有预防性的养护计划或全员生产维护计划？		
有没有常规检查以确保生产灵活有效？		
客户关系管理		
对每位主要客户是否都有一个专职的项目经理？		
组织是否采纳透明政策（清晰的成本结构）？		
目前客户管理使用的是何种系统？		

表 5.5b　EVS 评估潜在供应商的运营（第二部分）

EVS 公司供应商筛选审查——运营评估（第二部分）

问　　题	答案/证明文件	分　数
供应商关系管理		
目前使用什么系统管理供应商?		
物料流		
在自制过程中，物料补充使用的是哪种系统?		
从供应商处补充物料使用的是哪种系统?		
工厂中物料是如何传输的?		
物料流中使用连续流的比率是多少?		
物料流中使用推动系统的比率是多少?		
物料流中使用拉动系统（或先进先出）的比率是多少?		
5S 的实施及维护		
是否实施了 5S 系统? 组织内是否有针对 5S 的常规审查?		
设计与生产之间的关系		
生产人员应该在哪个阶段以哪种程度参与到开发过程中?		
质量体系		
是否存在质量体系及文件? 如果有的话，该体系在价值流的每个部分（即供应商管理、客户管理、工厂管理及信息管理）运行的有效性如何?		

表 5.6　EVS 评估潜在供应商的流程技术

EVS 公司供应商筛选审查——流程技术

问　　题	答案/证明文件	分　数
生产技术		
就已完成的研究而言，您目前使用使能制造技术有多久了?		
有没有一种评估当前技术并寻找新的使能技术的体系?		
商业系统		
假如有的话，供应商组织内使用的是哪种 ERP/MRP 系统?		
该系统有没有开展电子商务的能力?		
设计软件		
使用了哪种设计软件?		

（续表）

问　题	答案/证明文件	分　数
就经验、教育水平及特殊技能（如机械、电气等）而言，供应商组织内存在哪种类型的工艺专长？		

表 5.7　EVS 审查记分卡的标准

评分标准	
0	没有或无效，没有相关证明文件
1	有相应文件，但尚未实施
2	有相应文件，没有有效实施
3	有相应文件，有效予以实施
4	实施效果非常好

EVS 如何就商业关系展开与供应商及其客户的访谈

EVS 公司的访谈问题如下：

1. **EVS 公司为什么应该与您开展业务合作？** 所有参加访谈的供应商都需要回答这个问题。尽管这个问题看似简单，但却能给我们提供大量信息，其中包括：
   - 员工是否对客户关系及服务有共同的愿景。
   - 潜在供应商最重视的内容。通常较之直接询问使命或愿景而言，这样的答案可能更为有效。针对使命或愿景的简单回答并不能反映一个组织的真实价值。
2. **您公司最擅长的是什么？** 这个问题其实是第一个问题的变形。这个问题有助于 EVS 了解供应商公司的员工是如何看待其公司的。领导力很强的公司中的所有员工都会非常清楚地了解是什么使公司具有竞争力。
3. **您与现在的客户间产生过哪些问题？这些问题您又是如何解决的？** 这么问有两个目的：
   - 这个问题反映了现在客户遭遇的一些问题。除非采取了一定的预防措施，否则 EVS 公司很可能将面对类似的问题。
   - 这个问题同时揭示了组织解决客户问题的过程。通过该问题，EVS 公司可以知道供应商组织是否重视为客户创造价值。

4. **您如何定义精益生产**？通过这个问题，EVS公司可以了解供应商组织的文化：
   - 该问题可以反映员工是否理解精益及其对公司成功的重要性。
   - 该问题可以反映公司是否认真对待精益生产。对公司来说，精益生产仅仅是一时流行的风尚还是企业文化的一部分？
   - 同时，这个问题还能够反映出供应商的精益生产体系是否以客户为中心。一个真正的精益生产系统应该着力于为客户创造价值并消除客户不愿意付费的浪费行为。
5. **公司对精益生产有何规划**？您是否愿意接收我们的协助以实现这些目标？这个问题可以反映出组织进一步追求精益生产的意愿以及在追求精益过程中是否愿意与EVS合作。
6. **您在您组织中工作感觉如何**？**请告诉我您喜欢和不喜欢的地方**。这能够反映出EVS供应商的工作环境的类型。总会有人对公司的某个方面感到不满，但是如果大部分人都觉得在公司工作得不愉快，那么这个公司可能就不是EVS希望与之合作的公司了。
7. **公司对未来有什么愿景**？这个问题能够反映出一个公司的领导是否有效。通常我们会询问应聘者对未来的个人愿景，同样我们也应该询问潜在供应商类似的问题。
8. **请举例说明曾经向客户提出了能显著改善设计及流程的建议，并最终为客户降低了成本。多长时间对设计及流程进行重新审核以便发现可以进一步改善的机会**？这反映出潜在供应商通过流程或产品改善，协助EVS公司提升整体价值流盈利水平的能力及意愿。

EVS公司同时也对这10家供应商的一些客户进行了访谈。这些访谈的目的是进一步核实供应商对于以上访谈问题的回答。评估团队询问了客户以下问题：

1. 为何喜欢与这个供应商合作？
2. 请用一个词描绘公司与该供应商之间的业务关系。
3. 请举例说明公司与该供应商之间曾经出现过的一个问题。后来该问题是如何解决的？有没有再次出现？

EVS供应商评估结果

通过使用评估表格及访谈问题，EVS公司对早先挑选出的10家潜在供应商一一进行了评估。表5.8列出了评估结果。

表5.8 EVS供应商评估结果汇总

项目	Alpha制造厂	Beta公司	Kappa公司	Gamma公司	Lambda公司	Phi公司	Sigma公司	Tau公司	Theta公司	Omega公司
股本回报率(%)	11.8	10.4	14.6	8.1	20.7	8.8	15.3	16.2	16.9	16.1
资产回报率(%)	3.8	3.7	6.9	3.5	10.9	6.8	9.0	8.1	8.5	9.0
固定资产周转率	7.5	7.1	9.2	6.5	12.5	7.1	13.5	11.8	11.6	12.1
流动比率	1.8	1.5	3.3	1.9	3.9	1.7	3.7	3.8	3.5	3.8
与行业平均水平相比的库存周转率	0.8×平均	0.7×平均	1.5×平均	6×平均	2.8×平均	0.9×平均	2.0×平均	2.2×平均	2.6×平均	2.7×平均
平均交付期	75	86	40	100	21	67	30	27	23	22
平均报价提前期	45	45	30	45	15	45	15	15	15	15
平均报价周转期	10	10	8	9	3	10	2	3	3	4
平均报价周转期标准偏差	3.3	2.1	2.5	2.1	0.5	2.5	0.3	0.4	0.4	0.5
生产增长率(%)	0.8	0.7	3.3	0.5	6.8	1.1	5.5	4.1	6.9	6.5
人均销售额(千美元)	105	100	115	95	180	88	145	170	170	185
员工旷工率(%)	2.5	3.1	3.5	3.0	0.5	2.9	0.6	0.5	0.5	0.6
平均首次合格率(%)	85.5	87.5	84.7	86.5	96.7	91.5	98.5	97.5	98.0	98.1
设备完好率(%)	85	84	80	86	98	94	99	99	95	98
员工流失率(%)	15	7.5	8.5	9.5	2.5	10.5	2.1	3.0	2.9	2.7

运营评估汇总

项目	Alpha制造厂	Beta公司	Kappa公司	Gamma公司	Lambda公司	Phi公司	Sigma公司	Tau公司	Theta公司	Omega公司
订单处理系统	2	2	2	2	3	2	3	3	4	3
如何从客户处接收订单（因特网、电话、传真等）？	2	2	2	2	3	2	3	3	4	3
订单进入生产控制系统需要多少时间（排队时间）？	2	2	1	1	3	1	3	3	3	3
确认订单修改请求及工艺变更需要多少反应时间？	0	0	0	1	3	1	4	4	4	3

（续表）

项　目	Alpha 制造厂	Beta 公司	Kappa 公司	Gamma 公司	Lambda 公司	Phi 公司	Sigma 公司	Tau 公司	Theta 公司	Omega 公司
信息管理系统	0	0	0	0	3	0	3	3	2	3
订单与工厂活动间的关系是怎样的？	2	2	2	2	3	2	3	3	2	3
调度系统	2	2	2	2	3	2	3	3	2	3
工厂活动是如何调度的？	2	2	2	2	3	2	3	3	2	3
有没有使用 MRP/ERP 系统来安排每天的生产活动？	无	无	无	无	无	有	无	无	无	无
维修	0	0	0	3	3	3	2	3	3	3
有没有预防性的养护计划或全员生产维护计划？	0	0	0	3	3	3	2	3	3	3
有没有常规检查以确保生产灵活有效？	0	0	0	3	3	3	2	3	3	3
客户关系管理	2	2	2	3	3	2	3	4	4	3
对每位主要客户是否都有一个专职的项目经理？	2	2	2	3	3	2	3	4	4	3
组织是否采用透明政策（清晰的成本结构）？	否	否	是	是	是	否	是	是	是	是
目前客户管理采用的是什么系统？	2	2	2	2	2	3	2	3	3	3
供应商关系管理	1	1	1	2	2	3	2	3	3	3
目前使用何种系统管理供应商？	1	1	1	2	2	3	2	3	3	3
物料流	1	1	1	3	3	4	4	4	4	4
在自制过程中，物料补充使用的是哪种系统？	0	0	0	3	3	3	4	4	3	4
从供应商处补充物料使用的是哪种系统？	0	0	0	3	3	4	4	4	4	4
工厂中物料是如何传输的？	2	2	2	3	3	3	4	4	3	4
物料流中使用连续流的比率是多少？（%）	20	20	20	20	40	40	40	50	40	45
物料流中使用推动系统的比率是多少？（%）	80	80	70	80	0	40	20	0	0	0
物料流中使用拉动系统（或先进先出）的比率是多少？（%）	0	0	10	0	60	20	60	50	60	55

（续表）

项　　目	Alpha 制造厂	Beta 公司	Kappa 公司	Gamma 公司	Lambda 公司	Phi 公司	Sigma 公司	Tau 公司	Theta 公司	Omega 公司
5S 的实施及维护	2	2	2	2	3	3	4	4	4	4
是否实施了 5S 系统？组织内是否有针对 5S 的常规审查？	2	2	2	2	3	3	4	4	4	4
设计与生产之间的关系	0	0	0	0	0	0	0	3	3	3
生产人员应该在哪个阶段以哪种程度参与到开发过程中？	0	0	0	0	0	0	0	3	3	3
质量体系										
是否存在质量体系及文件？如果有的话，该体系在价值流的每个部分（即供应商管理、客户管理、工厂管理及信息管理）运行的有效性如何？	1	1	1	2	2	2	3	3	4	3

流程技术评估汇总

项　　目	Alpha 制造厂	Beta 公司	Kappa 公司	Gamma 公司	Lambda 公司	Phi 公司	Sigma 公司	Tau 公司	Theta 公司	Omega 公司
生产技术	2	2	2	2	4	3	3	4	3	3
就已完成的研究而言，目前使用使能制造技术有多久了？	3	3	3	3	4	3	3	4	3	3
有没有一种评估当前技术并寻找新的使能技术的体系？	0	0	0	0	3	3	3	3	3	3
商业系统	0	0	0	0	2	3	2	3	2	3
假如有的话，供应商组织内使用的是哪种 ERP/MRP 系统？	0	0	0	0	3	3	3	3	3	3
该系统有没有开展电子商务的能力？	0	0	0	0	0	3	0	3	0	3
设计软件	3	3	3	3	3	3	3	3	3	3
使用过哪种设计软件？	3	3	3	3	3	3	3	3	3	3
就经验、教育水平及特殊技能（如机械、电气等）而言，供应商组织内存在哪种类型的工艺专长？	3	3	3	3	3	3	3	3	3	3

EVS 对 10 家潜在供应商评估的汇总

根据图 5.6 中的评分及访谈结果，EVS 对每个供应商组织的情况进行了如下汇总：

潜在供应商 1：Alpha 制造厂——从候选者名单中删除

运营及财务指标。与本次调研中的其他组织相比，Alpha 制造厂每项指标的得分都相对较低，特别是：

- 在股本回报率、资本回报率及库存周转率的指标上得分较低。
- 交付期与承诺交付期都较长。
- 员工流失率及旷工率都较高。
- 设备停工期所占比率较高。

关键领域的评级。Alpha 制造厂在每个关键领域同样得分较低：

- 其订单处理系统效率低下，不能有效快速对客户的修改请求做出反应，而这一点对于 EVS 来说又是特别重要的。
- 其调度系统效率低下，主要是按推动系统进行调度的。
- 没有预防性养护系统。
- 没有清晰的成本结构。这是 EVS 筛选供应商的要求之一。
- 几乎没有相应的供应商管理。
- 5S 系统没有经过审查，而且其中包含的仅仅是一些表面问题。

访谈问题。EVS 团队及外包经理与 Alpha 制造厂保持了友好和善的关系。Alpha 制造厂的员工非常详细地回答了 EVS 的访谈问题。Alpha 制造厂的客户看上去与其合作得相当愉快。

决策。尽管访谈结果非常不错，但是由于该公司其他部分得分较低，在本项目中把 Alpha 制造厂从候选供应商名单中删除。

潜在供应商 2：Beta 机械公司——从候选者名单中删除

运营及财务指标。与本次调研中的其他组织相比，Beta 机械公司同样在每项指标上的得分都相对较低。与 Alpha 制造厂类似，Beta 机械公司也存在以下不足之处：

- 在股本回报率、资本回报率及库存周转率的指标上得分较低。
- 交付期与报价提前期都较长。
- 员工流失率及旷工率都较高。
- 设备停工期所占比率较高。

关键领域的评级。Beta 机械公司在每个关键领域得分较低：

- 其订单处理系统同样也是效率低下。审查者发现 Beta 机械公司曾收到许多修改请求，但是仅仅以增加检查频率来应对每个请求，而不是从根本上寻找原因。

- 尽管 Beta 机械公司也是主要按照推动系统安排生产调度，但是在调度过程中常出现紧急情况。只有当在审查中被贴上红色的紧急标签时，大部分工作才会被完成。
- 没有预防性养护系统。
- 没有清晰的成本结构。这是 EVS 筛选供应商的要求之一。
- 几乎没有相应的供应商管理。
- 5S 系统中包含了每日清扫，但无任何迹象表明 Beta 公司曾经真正实施过 5S 系统。

访谈问题。与 Beta 机械公司进行的访谈非常不成功。该公司的团队似乎毫无准备，而且该团队并不理解公司客户的重要性。与 Beta 机械公司客户的访谈进一步证实了这一观点。例如，Beta 机械公司的两家供应商使用了“竞争”一词来描述他们与 Beta 机械公司之间的商业关系。

决策。基于糟糕的访谈结果以及客户与 Beta 机械公司之间的“竞争”关系——这并不是 EVS 所期望的关系类型——EVS 把 Beta 机械公司从候选供应商名单中删除。

潜在供应商 3：Kappa 公司——从候选者名单中删除

运营及财务指标。与其他组织相比，Kappa 公司在某些指标上得分较高，但是在其他指标上表现糟糕。如果 EVS 准备与 Kappa 公司开展合作，则必须协助 Kappa 公司实施精益生产。以下是 EVS 对 Kappa 公司的评估结果：

- Kappa 公司拥有相当高的股本回报率、资本回报率及库存周转率。
- 交付期与报价提前期也不算太长。
- 员工流失率及旷工率都较高。
- 设备停工期所占比率较高。

关键领域的评级。Kappa 公司在许多关键领域得分较低：

- 其订单处理系统是所有公司中效率最低的。Kappa 公司同样也没有一个处理修改请求的系统。
- Kappa 公司同样也使用推动系统调度生产。
- 没有预防性养护系统。
- 几乎没有相应的供应商管理。
- 5S 系统中应该包含常规审查及激励系统。

访谈问题。与 Kappa 公司的访谈进行得颇为顺利。在结束访谈后，

Kappa公司给EVS公司团队留下了深刻的印象。组织似乎愿意接受EVS公司的观点及精益生产系统。Kappa公司同样获得了客户的正面评价，客户把该公司形容为一个“有帮助”的供应商。

决策。由于Kappa公司在许多关键领域得分较低，EVS把它从候选供应商名单中删除。

潜在供应商4：Gamma公司——从候选者名单中删除

运营及财务指标。就指标而言，Gamma公司是所有组织中表现最差的一个：

- 公司的股本回报率、资本回报率及库存周转率都很低。
- 交付期与报价提前期都较长。
- 员工流失率及旷工率都较高。
- 设备停工期所占比率较高。

关键领域的评级。Gamma公司在许多关键领域得分较低：

- 其订单处理系统是所有公司中效率最差的。Gamma公司拥有一套处理修改请求的系统，但是该系统从未被使用过。
- Gamma公司根据推动系统安排调度。
- 公司拥有预防性养护系统，但是没有合理运用以使设备达到期望的正常运行时间。
- 几乎没有相应的供应商管理。
- 5S系统中应该包含常规审查及激励系统。

访谈问题。与Gamma公司的访谈进行得相当糟糕。结束访谈后，EVS公司团队对Gamma公司能够留住其客户感到不可理解。Gamma公司的财务状况证实了这一观点。EVS公司最终选择了不再花费时间拜访Gamma公司的客户。

决策。将Gamma公司从候选供应商名单中删除。

潜在供应商5：Lambda精密设备公司

运营及财务指标。Lambda精密设备公司拥有最好的整体财务指标，而且就所有指标而言，Lambda公司也属于最好的一类：

- 公司拥有最高的股本回报率、资本回报率及库存周转率。
- 同时拥有最短的交付期与报价提前期。
- 员工流失率及旷工率都较低。
- 设备停工期所占比率较小。

关键领域的评级。Lambda公司在许多关键领域表现都相当出色：

- 其订单处理系统是本次调研的所有公司中最有效率的一类。

公司拥有有效的修改系统，通过该系统的运行，有效地从源头消除了产生错误的原因。

- Lambda公司按照先进先出的连续流的顺序有效调度生产，也由此保持了很低的库存水平。
- Lambda公司拥有全员生产维护系统，就目前已取得的成果看，该系统运行得相当不错。
- 公司拥有供应商管理系统，保持向供应商经常送货。
- 公司拥有很好的5S系统并经常对其进行检查。

访谈问题。与Lambda公司的访谈进行得非常顺利。访谈结束后，Lambda公司给EVS公司团队留下了深刻的印象。该组织财务稳健，同时拥有很好的精益生产系统，并有一套很强的客户关系管理系统。其客户也证实Lambda公司是其最好的供应商之一。EVS公司团队与Lambda公司建立了友好的合作关系。

决策。Lambda公司仍然是公司的供应商候选人之一。

潜在供应商6：Phi工程与制造公司——从候选者名单中删除

运营及财务指标。Phi公司在各项财务及运营指标上的得分都相对较低：

- 在股本回报率、资本回报率及库存周转率等财务数据上，公司得分较低。
- 交付期与报价提前期都较长。
- 员工流失率及旷工率都较高。
- 设备正常运转时间达到94%，这是本次所有参与研究的公司的平均水平。

关键领域的评级。Phi公司在大部分关键领域的得分都较低：

- 其订单处理系统属于所有公司中效率最低的一类。Phi公司有一套处理修改请求的系统，但是该系统从未被使用过。
- Phi公司的生产是混合了推动、拉动及先进先出的顺序予以调度的。巨大的库存量及较长的交付期等指标都表明该系统效率低下。
- 公司拥有预防性养护系统，这使得公司的设备正常运转时间得到了改善。
- 公司拥有有效的供应商管理系统，在这个方面得分较高。
- 公司的5S系统很有效率，审查人员对持续检查印象颇为深刻。

访谈问题。与Phi公司的访谈进

展顺利。EVS公司团队与Phi公司的团队建立了良好的合作关系。同时Phi公司的客户对其评价也相当不错。但是Phi公司需要EVS给予其相当大的订单才能达到供货速度的要求。

决策。将Phi公司从候选供应商名单中删除。

潜在供应商7：Sigma生产公司

运营及财务指标。就整体财务状况及运营状况而言，Sigma公司属于最好的一类公司：

- 公司拥有很高的股本回报率、资本回报率及库存周转率。
- 同时拥有较短的交付期与报价提前期。
- 公司的报价周转期仅为两天，是所有公司中最短的。
- 员工流失率及旷工率都较低。
- 设备正常运转时间达到了99%。

关键领域的评级。Sigma公司在许多关键领域表现都相当出色：

- 其订单处理系统属于本次调研的所有公司中最有效率的一类。同时公司还拥有一套非常有效的修改体系。
- Sigma公司的调度生产系统十分有效：公司按照先进先出顺序、推动及连续流混合的方式调度生产。这使得公司的库存低于平均水平。
- 公司拥有预防性维护系统，虽然其设备运转时间较长，但数据记录不完全准确。
- Sigma公司拥有一套供应商管理系统，可以保持经常向供应商发货。
- 公司拥有有效的5S系统并时常对其进行检查。
- 根据生产可行性进行设计的完善系统在公司中尚未建立。

访谈问题。据EVS公司团队称，他们与Sigma公司的访谈进展得不是非常顺利。经过访谈，EVS公司团队认为Sigma公司以客户为中心这一点做得还不够。Sigma公司的客户认为其质量不错，但是也有一些认为它不能够很好地适应产品变化。

决策。基于其指标得分较高，Sigma公司仍然是公司供应商候选者。

潜在供应商8：Tau金属加工厂

运营及财务指标。就整体财务状况及运营状况而言，Tau金属加工厂属于最好的一类公司：

- 公司拥有很高的股本回报率、资本回报率及库存周转率。
- 同时拥有较短的交付期与报价提前期。

- 员工流失率及旷工率都较低。
- 设备正常运转时间达到了99%。

关键领域的评级。Tau金属加工厂在许多关键领域表现得都相当出色：

- 其订单处理系统属于本次调研的所有公司中最有效率的一类。同时公司还拥有一套非常有效的修改体系。
- Tau金属加工厂的调度生产系统十分有效：公司按照先进先出顺序、推动及连续流混合的方式调度生产，记录的数据不完全准确。
- 公司拥有预防性维护系统，虽然其设备运转时间较长，但数据记录不完全准确。
- Tau金属加工厂拥有一套供应商管理系统，可以保持经常向供应商发货。
- 公司拥有有效的5S系统并时常对之检查。
- 有三家候选供应商拥有根据生产可行性进行设计的完善系统，Tau金属加工厂是其中之一。

访谈问题。在访谈过程中，Tau金属加工厂团队给EVS公司留下了深刻的印象。EVS公司已经与之建立了非常好的合作关系，并且双方都认为能够成功合作。Tau金属加工厂的客户高度评价他们与Tau公司之间的关系，大部分客户甚至把Tau公司视为他们最好的供应商。

决策。Tau金属加工厂仍然是EVS颇具竞争力的候选供应商。

潜在供应商9：Theta机床公司

运营及财务指标。就整体财务状况及运营状况而言，Theta机床公司属于最好的一类公司：

- 公司拥有很高的股本回报率、资本回报率及库存周转率。
- 拥有较短的交付期与承诺交付期。
- 员工流失率及旷工率都较低。
- 设备正常运转时间达到了95%。

关键领域的评级。在许多关键领域，Theta机床公司表现得都相当出色：

- 其订单处理系统属于本次调研的所有公司中最有效率的一类。公司也拥有一套非常有效的修改体系。
- Theta公司的调度生产系统十分有效：公司按照先进先出顺序、推动及连续流混合的方式调度生产，这使得公司的库存低于平均水平。

- Theta 公司拥有一套预防性养护系统。尽管其设备正常运转时间表现得相当不错，但是记录的数据也不完全准确。
- Theta 公司拥有一套有效的供应商管理系统，可以保持经常向供应商发货。同时 Theta 公司与其自身供应商之间还有一套看板系统。
- 公司拥有有效的 5S 系统并时常对它进行检查。
- 有三家候选供应商拥有根据生产可行性进行设计的完善系统，Theta 公司是其中之一。

访谈问题。在访谈过程中，EVS 公司认为 Theta 公司团队的能力非常强，但是可惜的是双方并没有建立起非常友好的合作关系，Theta 公司的客户对其评价几乎都非常不错，Theta 公司的得分也相当高。

决策。Theta 公司仍然是 EVS 的候选供应商。

潜在供应商 10：Omega 制造厂

运营及财务指标。就整体财务状况及运营状况而言，Omega 制造厂属于最好的一类公司：

- 公司拥有很高的股本回报率、资本回报率及库存周转率。
- 拥有较短的交付期与报价提前期。
- 员工流失率及旷工率都较低。
- 设备平均正常运转时间达到了 98%。

关键领域的评级。在许多关键领域，Omega 制造厂表现得都相当出色：

- 其订单处理系统属于本次调研的所有公司中最有效率的一类。公司也拥有一套非常有效的修改体系。
- Omega 制造厂的调度生产系统十分有效：公司按照先进先出顺序、推动及连续流混合的方式调度生产，这使得公司的库存低于平均水平。
- Omega 制造厂拥有一套预防性养护系统。尽管其设备正常运转时间表现得相当不错，但是记录的数据不完全准确。
- Omega 制造厂拥有一套有效的供应商管理系统，可以保持经常向供应商发货。同时 Omega 制造厂与其自身供应商之间还拥有一套看板系统。
- 公司拥有有效的 5S 系统并时常对它进行检查。
- 有三家候选供应商拥有根据生

产可行性进行设计的完善系统，Omega 制造厂是其中之一。

访谈问题。在结束访谈后，EVS 公司团队中的许多成员都认为在所有候选组织中，Omega 制造厂团队是最佳的。通过访谈，EVS 公司认为 Omega 制造厂是最佳的选择。同时 Omega 制造厂的客户对其与 Omega 之间的商业关系也给予了非常正面的反馈。

决策。通过审查程序，Omega 制造厂成为了 EVS 公司最有竞争力的候选供应商。

EVS 如何最终选择供应商：决策过程

经过审查及访谈，一些有竞争力的供应商仍然留在了 EVS 的候选者名单上。EVS 公司希望重新回顾评估过程并开始正式决策。基于评分及访谈结果，EVS 首先把决策范围缩小到以下五个组织：

1. Lambda 精密设备公司
2. Sigma 生产公司
3. Tau 金属加工厂
4. Theta 机床公司
5. Omega 制造厂

随后评估团队中的每位成员独立地为这五个组织排序。最后评估团队一致认同以下的排序方式：

1. Tau 金属加工厂
2. Omega 制造厂
3. Lambda 精密设备公司
4. Theta 机床公司
5. Sigma 生产公司

大部分团队成员最初都把 Omega 制造厂与 Tau 金属加工厂列在了最前面，但是这两者中哪个才是最优选择在团队中引起了最大的争议。好在本次团队的任务是找到两家供应商并与之签订合同，这样就可以比较方便地制定决策：EVS 将与 Tau 金属加工厂及 Omega 制造厂两家公司签订合同。

5.7 如何处理更为复杂的供应商筛选流程

正如我们在案例中看到的那样，EVS 公司在对 10 家潜在供应商评估后就能相对简单地制定决策。但对供应商最终的筛选过程并不都是这么简单。通常我们无法一眼就看出应该选择哪家或哪几家供应商。在筛选过程中会出现两种情况：

1. **一些供应商的评级都比较高**。经过对候选者审核访谈后，可能出现其中许多候选者评级都差不多的情况。在这种情况下，如果有10家候选者评级差不多的话，评估团队就很难从中选出一家或两家最好的候选者。当然这也反映了评估过程完成得不错。此时，评估团队可以为候选者制定附加标准。例如，假如10家供应商中有两家距离组织不到1英里，由于可以确保每天多次的发货频率，评估团队就可以最终选择这两家供应商。
2. **大部分候选供应商评级都比较低**。经过对候选者审核访谈后，也可能出现团队不愿意接受任何一家供应商的情况。那是因为虽然这些供应商最初达到了审查的基本标准，但在整个审查过程中，他们表现糟糕。这种情况不常出现，但偶尔也会发生。

    这往往是由于审查前制定的标准不够完善所致。在这种情况下团队应该制定更为严格的标准，并寻找其他供应商进行审查。尽管这么做可能会花费一定的成本，但是与选择了不合格的供应商所造成的多年的附加成本相比，这实在算不了什么。

以上这两种情况都有可能发生。第一种情况问题并不大：对于一个公司来说永远都不会嫌好的候选供应商太多，而第二种情况可以通过预先花时间制定更合适的标准来避免。EVS的案例就是经过深思熟虑制定标准的过程，这使得评估及筛选过程较为顺利。一旦完成了这个过程，组织就可以确定其买方—供应商关系的本质——这是第6章中的内容。

5.8 本章关键点小结

外包项目一旦确定，团队必须开始对潜在供应商进行评估。团队中应该包含以下成员：

1. 价值流的制造工程师。

2. 外包经理。
3. 质量或管理代表。
4. 产品设计代表。

如何评估潜在供应商

团队应该制定一个包含以下三个主要方面的评估体系：

1. **财务及运营**。这部分评估检验了公司的运营方式及其财务状况。这是评估过程中最大的一块内容，包含了许多财务及非财务指标。同时该部分还包含了一些问题，具体包括：订单处理、信息管理、调度、维护、客户关系管理、供应商关系管理、5S、质量及根据生产可行性而设计等方面。
2. **技术及流程专长**。这部分评估就所使用的信息流及物料流两个方面的流程技术予以检验，其中包括制造技术、软件及系统技术、设计专长及技术等。
3. **商业关系**。通过这部分评估可以确定就商业关系而言，供应商是否与组织相匹配。这是评估过程中的“软”因素，其中包括与主要人员展开一系列的访谈。本部分评估的目的是审查与潜在供应商合作后双方的关系状况。

5.9 应用于您的组织中

请回答以下问题：

1. 您的组织是按照怎样的程序来评估及筛选供应商的？有哪类指标应该被用于供应商评估过程但目前却没有被使用？

2. 您的关键供应商有哪些？请计算本章中列出的一些主要指标。您如何根据这些指标来评价供应商的表现？

第6章

精益企业中的客户与供应商关系——合同

6.1 管理外包关系

一旦完成了供应商评估过程（在第5章中已经予以讨论），接下来精益企业需要考虑的就是买方和供应商关系的本质。在传统的采购模型中，买方与供应商是相互敌对或至少是相互竞争的关系。供应商都希望所报价格恰好与合同的要求相等，而买方则在寻找最低报价。相反，精益的买方—供应商模型是一种合作关系，买方与供应商是合作伙伴：假如买方获得了成功，那么供应商同样也能成功。供应商组织是买方组织的延伸。这到底是一种什么关系呢？

一位生产主管曾经告诉我他希望把专业人员的数量增加到与车间员工数量相等，而同时，由于外包，他正计划减少车间员工。他觉得，为了更好地管理外包，他需要更多专业人员的协助。当然，管理外包的确需要人手，但绝不应该需要那么一大群人。如果真的需要那么一大群人来管理外包业务的话，组织就没有做好外包前的工作。因为如果需要对供应商采取那么严格的监督管理，那肯定是由于之前选择了错误的供应商。这种情况不会带来任何经济收益。

一般来说，组织内部需要一到两名人员管理大型外包业务。而对于较小的外包业务来说，通常由一名人员管理两个或多个供应商。供应商应该提供所需的各方面专长：

- **流程专长**。供应商应该是流程方面的专家。如果买方需要帮助供应商的制造工程师解决流程问题的话，那么很可能买方选择的这家供应商并不具备流程专长（在第 7 章至第 9 章中我们将阐述精益客户必须协助其供应商实施精益生产及其他培训。但是买方并不应该提供日常流程支持）。

- **人力资源**。供应商应该提供所有必要人员以支持整个运营过程。
- **技术/资金资源**。供应商必须提供买方所不具备的技术/资本资源。

以上三个要素确保了外包关系的成功。如果供应商不能全部满足这三个条件，那么就长期而言，买方—供应商关系就不会成功。买方最终会终止提供那些本不应由自己提供的资源。供应商必须相应负责外包业务，这也正是许多外包关系所面临的问题。为了确保供应商独立负责所有的外包业务，组织需要完成三项关键任务：

1. **选择一家合适的供应商**。在第 5 章中已经详细阐述了这一过程。
2. **与选定的供应商签订恰当的长期合同**。这将在本章中予以详细阐述。
3. **建立供应商协会，寻求持续改善**。这将在第 10 章中进一步分析。

6.2 合同谈判

在找到并选定了一家主要供应商后，精益企业组织就必须开始磋商合同事宜：

- 描述合作目的及如何管理合作关系。
- 列明各方的责任。
- 定义服务范围。
- 明确用来考核供应商的质量、生产率及其他指标。
- 明确供应商的薪酬计划，其中包括标准条款及激励计划。

下面我们逐一进行详细分析。

描述客户供应商关系及供应商的责任

通常外包关系会由于买方组织承担了比其原先设想的更多的事务而告终，也就是说最终买方由于要向其供应商提供巨大支持而结束合作关系。这个问题的部分原因应该归咎于第5章中所讨论的供应商筛选过程。防止此类问题发生的另一个关键因素是有效的合同谈判。

我经常会听到这种说法，认为合同无非就是对之前商定的合作关系进行概述的一个大致协议。可是假如合同太简单的话，除了使双方对合作关系的最初感觉良好外，基本起不到任何其他作用。合同的一个主要目的是使双方充分了解各自的责任，因此合同中必须清楚列明买方及供应商的责任。表6.1给出了与供应商签订合同时需要回答的问题清单。

表6.1　与供应商签订的合同中应该回答的问题

- 谁将提供下列资源？
  - 工程设计资源。
  - 制造/工业工程资源。
  - 设备。
  - 工具、模具等。（谁拥有这些东西？）
  - 培训。
- 供应商提供上述资源支持的成本是多少，超出元件价格多少？这尤其适用于“一次性”项目，如工程设计、工具制造及其他类似项目。
- 设备维护、修理及更新由谁负责？有时买方会提供设备。当设备发生损毁或需要更新时，将由谁负责修理或购买新设备？
- 各家组织将提供哪些项目管理资源？它们各自有哪些职责？
- 哪家组织应该参与哪种类型的会议？比如供应商是否参与由买方开展的改善活动、设计评估或培训课程？
- 多久对供应商进行一次审查？在审查过程中双方希望得到什么？

描述供应商提供的服务及评估指标

合同的这个部分将具体描述供应商向买方提供的服务范围。这部分合同也应该非常具体明了，这样就能够清晰地描绘出买方将提供的服务。

清晰的描绘还能防止在外包关系中出现的另一个常见问题——范围蔓延（scope creep）。范围蔓延通常以下面两种形式中的一种出现：

- 买方要求供应商提供越来越多的报告或越来越频繁地变化产品等，而这些都没有列在合同条款中。这是范围蔓延最常见的形式。
- 供应商向买方索取资源，而买方却认为根据合同，该资源应该由供应商提供。

为了防止出现任何形式的范围蔓延，合同必须足够详尽，以使任何独立的第三方能够清楚地通过合同理解买方与供应商的责任。

与服务范围相连的还有绩效标准。第 5 章中曾讨论过的一些关键指标也应作为合同的主要绩效指标或标准。在合同中应该至少包含交付期、及时送货及质量考核。

制定定价及激励计划

合同的下一块主要内容是给出定价及激励计划。如前所述，价格并不是唯一要考虑的因素，外包关系的建立必须可以为供应商及买方共同创造价值。为了成功地达到这一目标，买方必须向供应商提供必要的工具及相应的激励，这一点相当重要。

首先必须实行清晰的成本核算方法，也就是说买方应该清楚供应商生产这个元件究竟花费了多少成本。买方的目的已经不再是最大化自身利润而最小化供应商利润了。双方组织都必须为增加总价值而努力，只有这样才能使双方组织的利润达到最大化。

合同中并不需要明确供应商提供每项产品的价格，但是在合同中应该明确价格制定的方法。买方与供应商之间必须就定价方式达成协议。最初定价可以通过在供应商成本基础上加合理比例的利润得到。通常来说，已有产品的定价应该逐渐降低。买方应该要求供应商通过改善生产率以降低价格，同时买方还应该确保供应商有相应的工具手段以实现这类改善。第7章到第9章将探讨如何使用精益及其他工具来协助供应商。

同时，合同中还应该规定利润分享的形式，也就是说供应商应该有权获得部分通过改善获得的超过买方预期的利润。比如：假设在第一年某个给定产品的成本为100美元，买方要求第二年成本降低5%（95美元）。假设供应商通过流程改善成功地把成本降低了10%，而不是5%。如果合同规定这部分所得将按照供应商75%、买方25%的比率分成，那么供应商就将得到由于节省了超过预期5%的成本所得的75%，即供应商将对每单位产品按照93.75美元的成本来定价。供应商将得到每单位额外节省成本所获收益的75%，即3.75美元。

在了解了供应商合同中应该包含的信息内容后，我们来看看EVS如何与其供应商进行合同谈判。

案例研究

EVS如何与其供应商谈判合同

EVS公司与Tau金属加工厂、Omega制造厂及公司现有4400A-Q价值流的主要供应商San Simeon装配厂和Electronics公司就新合同事宜展开谈判。EVS与每位供应商的代表进行了交流并共同研究合同内容。就整体而言，EVS制定了如下责任条款：

- **资源**：由谁提供哪些资源？EVS做了如下决定：
  —工程设计资源。在每份单独的合同中，如有需要会就工程设计资源予以具体阐述。
  —制造/工业工程资源。每家供应商将指派一名制造工程师，该制造工程师在EVS产品线上至少花费50%的时间。
  —设备。设备必须全部由供应商负责购买、维护及更新。
  —工具。工具必须全部由供应商负责购买、维护及更新。
  —培训。为协助实施精益生产，在第一年内，EVS公司将向其供应商免费提供咨询及培训。一年后，将由供应商协会负责免费向供应商提供培训、咨询及其他协助。

- **支持资源的成本**。供应商将分别就每小时工资率进行报价，并以此报价和/或合同规定为成本基础，向买方提供一些诸如工程设计及工具制造等方面的支持性资源。
- **项目管理**。每家供应商将指派一名项目经理负责 EVS 公司的项目（该项目经理可以同时兼任其他工作）。该项目经理是供应商与 EVS 公司间的主要联络人。同时，对于每个关键客户，EVS 公司也会指派相应的外包经理。
- **改善活动的支持**。作为培训的一部分，EVS 公司将免费邀请供应商派遣代表参加在 EVS 公司举办的流程改善活动。同样，如果需要，EVS 公司也会免费为在供应商处开展流程改善活动提供所需要的资源。
- **会议**。EVS 每月将举行一次外包会议。所有的项目经理都必须参加每次不超过 60 分钟的外包会议。外包会议的目的是对任何主要问题的解决状况及时更新，并对需求预测中的所有主要变动进行及时沟通。
- **审查**。EVS 每个季度将对供应商进行为期不超过一天的审查。项目经理必须全程参与审查。其他人员如制造工程师、质检人员及主管在需要的时候应提供相应信息。
- **报告**。EVS 要求所有供应商每月提供工厂整体的质量报告、主要指标、5S 审查结果及劳动生产率报告。其中需要报告的指标包括交付期、库存周转率、及时送货以及最终合格率。此外还需要提供 EVS 公司产品生产的质量报告。
- **定价**。EVS 与各家供应商一致同意按照供应商生产的内部成本加上合理比例的利润设定最初定价。EVS 与各家供应商商定每年价格下降 5%，额外成本节约所得按照 50/50 方式分成（EVS 公司将提供精益生产方面的咨询及培训以协助供应商降低价格）。

6.3 精益企业中买方—供应商关系——运营管理

买方—供应商关系的另一个部分就是运营。双方签订合同后，精益组织与其供应商并不按照传统的采购模型继续运行，即买方并不是按照物料需求计划订购大量产品。取而代之的是，买方实施了一种供应商根据需求生产及运送零件的拉动系统。未来广域价值流图及相应实施计划中应该明确哪些地方需要实施拉动系统。本章接下去会探讨与供应商之间建立拉动系统的一些基本知识。

看板控制的拉动系统与物料需求计划的对比

使用传统的物料需求计划（MRP）系统调度工厂生产时，每个生产区域的生产都是独立安排的。客户订单与工厂实际生产之间没有联系，同时一个生产区域的生产与下游流程需求之间也毫无关系。

与之相反，在精益生产中将使用看板（kanban）系统来解决这一问题，生产按照实际消耗而不是预测进行调度。看板起源于日本，意思是布告板或标记。看板信号通常是一张卡片，给出从超市（仓库）取出零件或生产零件的指示。由于只有在得到信号后才生产或取出零件，所以看板系统可以防止过量生产及库存。

看板系统从概念上来说比较简单。当一个零件或一组零件在一个制造单元中被消耗的时候，一张卡片或其他信号就会指示物料管理者从超市里取出零件以补充制造单元中的零件数量。由于这时我们使用看板指示物料管理者取出零件，因此我们把这种看板称为取货看板。当超市中消耗了一个零件或一组零件时，一张卡片或其他信号就会指示上游的生产流程再生产相应数量的零件以补充超市中的零件数。假如上游流程是一个连续流的制造单元，一张卡片或一个信号就代表了一个单元（或一个装货箱规模）。假如上游是个批量流程，那么一张卡片就不再表示一个单元或一箱的量了，而是代表一个标准批量的规模。一旦消耗了一定数量单位的产品，一个信号就会发送至上游流程。这种类型的看板被称为生产看板。

下面我们比较一下传统物料需求计划的预测调度与看板调度之间的区别。

根据物料需求计划调度生产。首先我们来看物料需求计划系统。假设有一家生产塑料元件并把元件组装为产品的工厂。产品在运输给客户前进入制成品仓库。公司拥有注塑设备及装配单元。在使用物料需求计划调度生产时，注塑设备与装配单元每周都会收到各自的生产计划。这些计划是根据预测的客户需求而做出的。公司根据客户的实际订单数量运输相应产品。在这种情况下，每个生产区域的制造生产是没有任何联系的，因此对库存量的增加也没有控制。其导致的结果就是仓库中积压了过多的剩余产品，而真正有需求的产品的库存量却又不够。

根据看板系统调度生产。现在我们假设上述生产商使用了看板控制的拉动系统来调度生产，我们会发现结果与之前迥然不同。图6.1给出了具体的过程。客户向公司下订单后，制成品仓库的产品就会运输至客户处，完成订单需求。一旦产品从货架上取走，看板卡就会发送至装配单元指示产品生产以补充货架。一旦塑料元件被装配单元消耗，看板卡便发送至物料管理者处，指示物料管理者向装配单元补充物料。一旦物料管理者从仓库取走元件以向装配单元补货，生产看板便发送至注塑成型流程，指示该流程补充仓库库存。在这种情况下，库存量始终处于被控制的状态。公司按照实际客户需求而不是需求预测来安排生产。假如能够合理地建立看板系统，产品短缺或过量库存出现的概率将低得多。

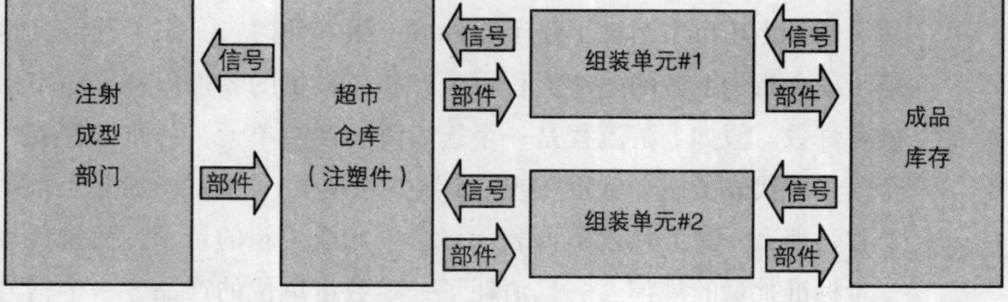

图6.1 拉动系统

6.4 建立供应商看板系统

采购及运营经理最常问的一个问题就是如何建立有效的供应商看板系统。许多经理曾尝试建立供应商看板系统，但大部分都以失败告终。在这里我们集中分析一下建立成功的供应商看板系统的关键要素。

供应商看板系统的原理同内部运营中生产看板的原理是一样的。当采购零件仓库中的零件被消耗时，就会向供应商发送生产指示，要求他们补充零件。这同前一个例子中向注塑设备发送生产指示相似。为看得更清楚，我们假设前一例子中的生产商没有注塑设备（如图6.2所示），需要从供应商处购买塑料零件。塑料零件从仓库中取出向装配单元运送时，系统就会向塑料零件供应商发送指示要求向仓库补充货源。系统既可以每天发送一次数量不固定的指示，也可以当库存消耗到一定量（再订购点）时再发送信号。

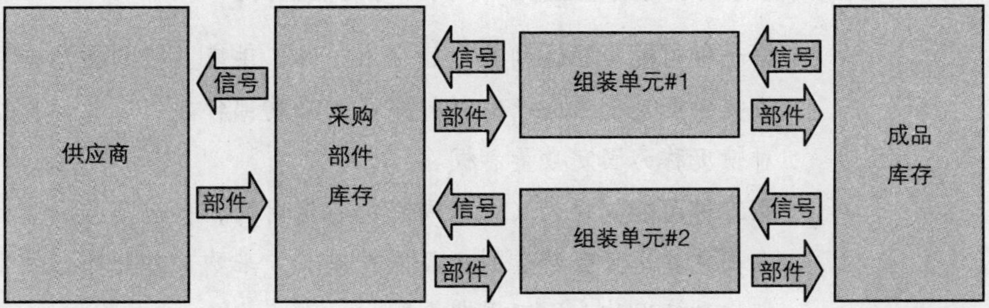

图6.2 包含供应商的拉动系统

第一步：确定理想的送货频率

在与供应商建立拉动系统时首先需要考虑的问题便是送货频率。供应商是否在海外？假如是海外供应商的话，由于交付期太长，传统的看板系统并不适用。同样，要求远距离供应商频繁送货也不切实际。比如我的一个客户在中国拥有一家供应商，该中国供应商每次运送供6个月使用的零件。由于运送距离远，导致无法频繁发货且运送需要花费的时间长，所以与这样的供应商之间建立看板系统并不合适。

看板系统的目的就是在需要的时候运送正好满足需求量的库存持有量。理想的状态下，供应商的距离不能太远，应该能够满足每天发送一次或几次货物的要求。假如只能每周甚至是每月发送一次货物，尽管这种情况不是很理想，但是也能用于看板系统。显然，发货频率更低的情况不适用于看板系统。

并不是所有的零件都需要建立看板系统。在某些情况下，对于特定零件来说可能寻找海外供应商生产更为合适；而在另一些情况下，可能有些定制元件必须按订单生产。在这些情况下，我们允许为大部分零件建立看板系统，而把那些需要特殊处理的元件当成例外。

第二步：选择使用看板发送信号的方式

第二步需要考虑的是如何向使用看板系统的供应商发送信号。供应商的看板系统是建立在以下两种可能性上的：

- **第一种可能**：当达到某个库存水平时，供应商接到指示向买方提供固定数量的产品以补充买方采购部件超市。我们把这种情况称为固定数量看板。
- **第二种可能**：每天（或每周）的特定时间，供应商接到指示向买方发送可变数量的产品以补充买方采购部件超市。我们把这种情况称为固定周期看板。

在内部自制中通常我们使用一张卡片指示另一个内部自制流程开始生产产品（生产看板），或者从仓库或超市取出产品（取货看板）。该卡片被安放在看板放置处。尽管也可能向供应商发送卡片，但在绝大多数情况下，这样做并不切实际。目前用得最多的提示供应商的方法有下面几种：

方法 1：传真看板。一张可以用于向供应商传真的纸张，上面列明零件的型号、需要数量、发货时间（交付期）及发货地址（如图

6.3 所示）。每天的特定时刻向供应商发送传真，说明需要的数量（固定周期看板）。从第二次的传真看板开始，订货数量就按照上次使用的集装箱数量来计算。我们可以计算卡片的数量（每张卡片表示消耗一个集装箱的产品），或清点仓库实际消耗量来计算订货量。供应商可以根据约定的时间完成订单运送货物，也可以在库存减少到一定量时再发送传真（固定数量看板）。

图 6.3　传真看板示例

方法 2：电子邮件看板。买方也可以向供应商发送电子邮件。电子邮件中所包含的信息本质上与传真所包含的信息相同。

方法 3：电子看板。与手动系统（传真或电子邮件）不同，买方可以向客户发送电子信号。在这个过程中不出现实际卡片，系统自动生成电子邮件或其他形式的电子布告发送给供应商，在该信号中规定了所需产品的数量。该数量是根据使用条形码系统得到的实际消耗量计算得出的。由于通常需要实施定制系统或定制标准 ERP 系统，所以在实施过程中该系统最为复杂。该系统特别适用于需要管理许多零件的大型公司。

第三步：确定装载零件的容器尺寸

第三个需要考虑的问题是看板系统中装载每种零件所需要的容器尺寸。许多公司都会利用供应商使用的集装箱，但是通常来说供应商的集装箱尺寸过大。合适的容器尺寸应该根据实际用途来确定。

比如我们假设组织在制造单元中使用双仓系统。空仓就可以提示物料管理员补充所需物料。假如生产线上希望每小时补充一次物料，那么每个箱仓就应该存储可以维持一小时生产量的物料。如果可能的话，组织应该要求供应商使用同样的容器，或与箱仓尺寸相等的容器运送货物。这么做可以消除把零件从大的集装箱转移至较小的容器中用以生产的额外工作。

第四步：计算理想的最大库存水平

在确定了容器尺寸后，下一步必须计算最大库存水平，这是根据采购零件超市的货架与面积计算得出的。最大库存水平就是采购零件超市货架上任何型号零件的最大库存量。在这个概念上经常会出现混淆，其实最大库存水平的计算相当简单：

最大库存水平 = 补货周期库存 + 缓冲库存 + 安全库存

其中：

- **补货周期库存** = 补货周期（天数）×平均每天使用量。补货周期库存量是补货周期内的平均使用量。
- **缓冲库存** = 标准置信系数 × 补货周期（天数）内每天消耗量的方差。缓冲库存是用来弥补工厂内每天产品消耗量变动的额外库存量。
- **安全库存** = 安全系数 ×（补货周期库存 + 缓冲库存）。安全系数是根据供应商的可靠程度、质量以及准时送货的表现而确定的。安全库存是为弥补运货或质量问题而设置的库存量。

许多电子表格程序能够计算缓冲库存的标准方差。置信系数是根据正态分布的置信区间得出的。在表 6.1 中我们列出了从 90% 到 99% 置信水平对应的置信系数。这些置信水平表示了在生产存在变动的情况下不可能出现缺货的概率。其他置信水平可以参见统计学相关书籍。

表 6.1 计算缓冲库存的置信系数

置信水平（%）	（计算缓冲库存）置信系数
99	2.326
97.5	1.960
95	1.645
92.5	1.440
90	1.282

第五步：计算所需的仓库空间大小

在计算了供应商看板系统中每种采购零件的最大库存水平后，我们还需要计算与之相应的必要的仓库存储空间。该数据决定了为存储最大的库存量在采购零件超市中需要留出多少空间。

最后需要考虑的问题是采购零件超市的规模。该数据只需通过计算最大库存水平下装载零件的容器数量、所有容器所占面积及装载这些容器所需要的货架数量即可。让我们就以上步骤逐一分析：

1. **计算容器数量：**

   容器数量 = 最大库存水平下的零件数/每个容器内可以放置的零件数

2. **计算容器所占面积：**

   货架面积 = 容器的长度 × 容器的宽度 × 容器的数量

3. **计算需要的货架数量**

   货架数量 = 总货架面积/每个货架的面积

总结看板系统的关键要素

现在已经分析了看板系统中所有的关键要素：

1. 送货频率。
2. 看板类型（固定周期看板或固定数量看板）。
3. 容器尺寸。
4. 最大库存水平。
5. 采购零件超市规模。

6.5 卖方管理库存

卖方管理库存（vendor-managed inventory，VMI）是供应商在不受客户干预的情况下管理库存。供应商按照每天数次到每周一次不等的频率向买方补充货源。客户与供应商之间始终放置着一张不确定数量的采购订单（open purchase order），供应商根据客户的实际消耗量决定实际的采购订单数量。在一些低成本的产品中，如按钮及一些低成本的电子元件，应该使用卖方管理的方式来管理库存。这么做能够消除买方人员花费时间订购、存储及在工厂中搬运廉价零件所造成的成本浪费。同样，卖方管理库存也被成功地运用于一些常规产品中。在这些情况下，卖方应该把所需货物运送至采购零件超市，而不是直接运往工厂。

从本质上来说，卖方管理库存是要求供应商承担更多责任的看板系统。供应商直接往采购零件超市送货，而不需要客户方的人员参与。供应商可以直接查看买方库存以获取送货信号，或者由看板系统直接产生送货信号并发送至供应商处。

下面我们来看看 EVS 是如何建立其供应商看板系统的。

案例研究

EVS 如何建立供应商看板系统

EVS 公司已经与 Tau 金属加工厂、Omega 制造厂及其现有关键客户 San Simeon 装配厂和 Electronics 公司签订了新的合同。EVS 公司现在要完成那些合同中的细节问题。我们按照刚刚讨论过的所有步骤看看 San Simeon 装配厂将与 Tau 金属加工厂建立的看板系统。

第一步：EVS 决定理想的送货频率

San Simeon 装配厂和 Tau 金属加工厂约定，Tau 金属加工厂每天都会向 San Simeon 装配厂发送货物。

第二步：EVS 决定将使用的看板系统的类型

San Simeon 装配厂与 Tau 金属加工厂预定通过传真发送固定周期看板。San Simeon 装配厂每天早上 8 点向 Tau 金属加工厂传真订单，每天下午 3 点，Tau 金属加工厂向 San Simeon 装配厂运送零件。

第三步：EVS 决定容器尺寸

San Simeon 装配厂的容器尺寸等同于两小时消耗的物料量，这一尺寸的大小与工厂物料发送频率是相适应的（物料管理者每两小时向装配单元运送一次零件）。物料管理人员认为 San Simeon 装配厂需要采购必要的容器以完成这一运送要求。Tau 金属加工厂在容器内装载零件后运送至 San Simeon 装配厂，并在卸货的同时取回空的容器。

第四步：EVS 决定其最大库存水平

让我们回顾一下对某个特定零件建立看板时需要展开的计算。Tau 金属加工厂生产的一个机械元件货号为 105113。表 6.2 列出了六周中每天的产品使用量：

表 6.2　EVS 105113 型号零件的产品使用量

天/周	1	2	3	4	5	6
星期一	45	51	47	61	57	56
星期二	50	58	52	57	54	46
星期三	49	49	53	52	47	60
星期四	61	52	55	51	49	57
星期五	47	60	46	61	51	62

根据表 6.2 中的数据，平均产品使用量为 53.2，标准方差为 5.2。随后就可以计算补货周期库存了：

补货周期 × 平均每天使用量

=1 天 ×53.2 单位/天

=54 单位（向上进入取近似数）

按照 97.5% 的置信水平（参见表 6.1），可以计算缓冲库存：

缓冲库存

=置信系数×每天使用量的标准方差×补货周期

=1.96×5.2单位×1天=11单位（向上进入取近似数）

尽管Tau金属加工厂的数据显示其产品质量很好并按时送货，在合作初期还是需要加上20%的安全库存系数。按照如下方法计算安全库存：

安全库存

=安全库存系数×(缓冲库存+补货周期库存)

=20%×(54+11)=13单位

San Simeon装配厂采购零件库存中最大的计划库存持有量为：

补货周期库存+缓冲库存+安全库存=54+11+13=78单位

第五步：EVS决定采购零件仓库的必要规模

我们还是仅仅计算105113型号的零件。每个容器里面装载3个零件，容器为8英尺长、6英尺宽。首先EVS计算所需的容器数量：

容器数量

=最大库存水平下的零件数/每个容器可装载的零件数

=78/3=26

接下来EVS计算了这些容器所占的货架面积：

货架面积

=容器长×容器宽×容器数量

=8″×6″×26=1248平方英寸

=8.67平方英尺

最后，EVS要计算该零件需要的货架数量。货架包含了4个16英寸深、96英寸长的架子。每个架子的面积为12平方英尺。假设我们安排105113型号的零件放在货架靠内的两个架子上，货架的架子面积为16″×96″×4，或42.7平方英尺。

货架数量

=需要的总货架面积/每个货架的面积

=8.67平方英尺/42.7平方英尺

=0.203

因此差不多需要0.2个货架来安置型号为105113的零件。

同样，对于其他每种型号零件也按照这样的方法计算，最后得出放置所有采购机械零件所需的货架总数。

EVS供应商看板系统在实际中的运用

现在让我们来看一下看板系统在实际中是如何运行的。

- 每天早上8点，San Simeon装配厂向Tau金属加工厂传真订单，要求下午3点发送订购货物。每天发送的零件数量需等同于前一天的消耗量。

- 每天下午3点，Tau金属加工厂向San Simeon装配厂发送零件。

比如，我们假设周一在San Simeon装配厂的装配流程中，型号为105113的零件消耗了51个单位。接下去会发生什么呢？

- 星期二早上8点，San Simeon装配厂发送51个单位零件的传真订单。
- 下午3点，Tau金属加工厂发送17个装载着零件的容器（每个容器中装载着3个零件），并在卸货时将空的容器载回。

现在，EVS已经确定了其供应商的送货频率、使用的看板系统、每种零件的容器尺寸、每种零件的最大库存水平，以及安置库存所必需的空间大小，下一步要做的将是帮助其供应商改善内部流程以支持整体价值流改善的目标。我们将在第7章中对EVS下一步工作中的第一个步骤——为供应商绘制价值流图展开讨论。

6.6 本章关键点小结

一旦选定了供应商，精益企业需要考虑的下一个问题就是建立真正的买方—供应商关系。由于供应商需要从买方组织中获得过多的支持，许多外包关系最终以失败告终。在成功的外包关系中，供应商能够提供所需的全方位专业知识：

- 供应商必须是流程专家。
- 供应商需要提供所有必要的人力以支持整个运营过程。
- 供应商必须提供相应的技术。

买方—供应商合同谈判

为了实现目标，买方需要与其选定的供应商签订恰当的长期合同。合同中必须包括以下内容：

- 详细描绘买方—供应商关系的目的及应该如何管理该关系。

- 陈述双方应尽的责任。
- 明确服务范围。
- 明确将用于考核供应商的质量、生产率及其他方面的指标。
- 制定供应商的薪酬计划，包括标准条款及激励计划。

建立拉动系统以促进买方—供应商间的运作

买方—供应商关系的下一个部分就是运作方面了。一旦双方同意签订合同，精益组织及其供应商就不应该按照传统的采购模型继续运作，即不同于传统的买方按照物料需求计划订购大量产品，精益企业必须实施拉动系统以使供应商能够根据实际需要生产及运送零件。在这样的拉动系统下，通常可以使用电子邮件、传真或其他电子看板提示供应商。建立这样的拉动系统包含了如下步骤：

- 确定送货频率。
- 确定看板系统的类型。
- 确定容器尺寸。
- 确定最大库存水平。
- 计算所需的仓库空间大小。

6.7 应用于您的组织中

请回答以下问题：

1. 您的组织与供应商之间存在哪种类型的长期合同？您觉得还需要做哪些调整？

2. 在您的组织现有的供应商中，您认为哪家供应商可以按照拉动系统供应产品？您觉得哪种类型的看板系统最为适用？

第 7 章

绘制供应商价值流图

7.1 寻找供应商内部改善机会

一旦与供应商建立了合作关系（详见第 6 章的内容），您就应该考虑如何改善那些供应商的价值流。寻找、规划及追踪那些对整体价值流的改善起推动作用的关键改善项目的主要工具是绘制价值流图。在第 2 章及第 3 章中，我们讨论了广域价值流图这一工具，它有助于我们在整条供应链上寻找改善机会。本章将继续讨论如何寻找供应商的内部改善机会。这时，价值流图中应包含供应商机构内信息流及物料流的详细信息，但是不需要列出其他工厂的信息流或产品流的任何信息。

我们曾经说过，创造价值的活动可以给产品带来附加值，同时客户也愿意为这些活动支付相应的费用。而另一方面，不创造价值的活动总是属于第 1 章中曾讨论过的七种浪费的范围。客户不愿意为不创造价值的活动支付费用。但是在短期可能由于现有技术、物流等条件限制，不得不存在一些不创造价值的活动。比如，一家供应商机构拥有很多幢建筑物，但是其任何一幢建筑物的面积都没有大到能容纳所有的生产流程。因此在该供应商的例子中需要在建筑物之间搬运产品，这一搬运的活动不能创造价值，但却又是必不可少的。

当前价值流图能够显示供应商目前的信息流及物料流。未来价值流图将展示未来能够达到的，与当前价值流图相比大大降低浪费并缩短交付期的信息流及物料流。类似于第 3 章中提到的方法，可以通过一系列计算、提问及头脑风暴的方法来绘制未来价值流图。在绘制了供应商价值流图后，还需要制定为期一年的实施计划以改善各个供应商机构的内部价值流。

7.2 在供应商处建立价值流图绘制团队

绘制供应商内部价值流图的时候，以下供应商组织的人员应该加入到整个绘制团队中：

- **车间主任、运营经理或运营主管**。运营方面的管理人员必须参与绘制过程，这一点相当重要。这些人员也可以担当团队领袖。
- **工业工程师或持续改善人员**。有精益方面知识的工业工程师以及改善或精益管理办公室人员都能协助发现改善机会，并在实际的绘制过程中提供帮助。
- **生产区域经理或主管**。绘制团队中应该包括每个相关生产领域的代表。在实施未来价值流图时，生产经理的意见相当重要。
- **采购代表**。在绘制未来价值流图的过程中，经常会修改送货频率，这需要采购经理或买方提供相应的意见。
- **规划代表**。生产区域的调度是绘制价值流图过程中需要团队重新设计的主要步骤之一。
- **运输/收货/仓库代表**。运输过程、原材料的发货及制成品库存管理都将包含在价值流图的绘制过程中。
- **客户和/或供应商处的一名代表**。尽管不需要分析客户或供应商流程，但客户及供应商可以从旁观者的角度为组织提供建议。假如该客户或供应商已经实施了精益生产，其代表的参与将对整个绘制过程提供很大帮助。

7.3 绘制供应商当前价值流图的实际操作

与绘制广域价值流图一样，在开始整个过程前需要准备以下物品：

1. 铅笔和橡皮（由于可能画错，绘制的时候通常使用铅笔）。
2. 11″×17″大小的纸张。

图7.1是当前价值流图的简单说明。在该图上部从右到左画出了信息流，在图的下部从左到右画出了物料流。在每个流程框中列出了相关数据。在图的右下角给出了主要指标：创造价值时间及交付期。接着我们一步步来分析整个绘制过程。

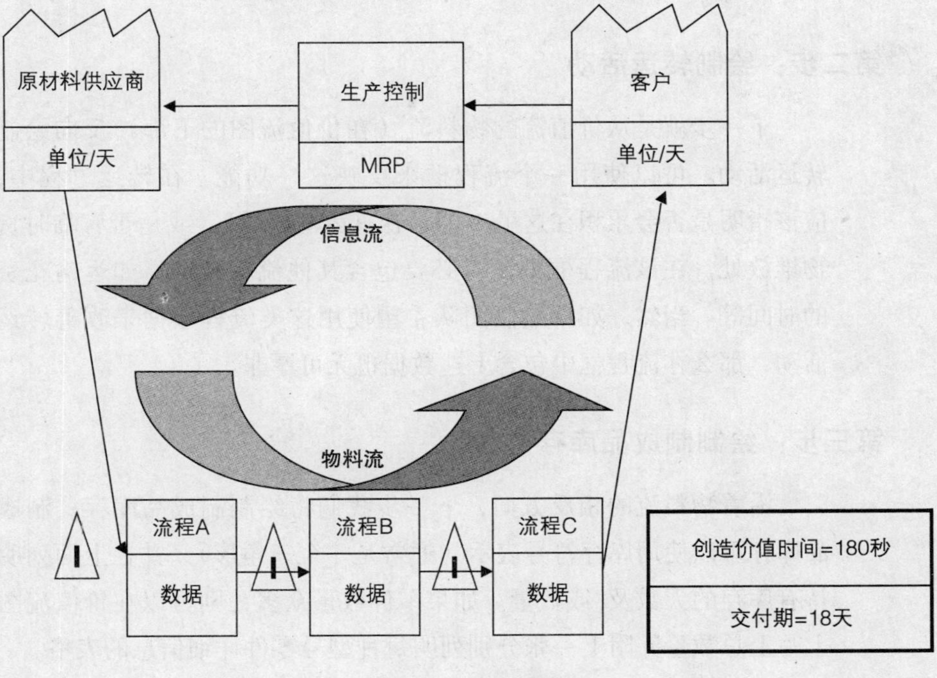

图7.1 当前价值流图

第一步：从客户框着手

在绘制当前价值流图时，首先从位于价值流图右上方的客户框着手。客户框中应该包括如下数据：

- **产品需求**。要列明价值流中的每件产品及其每日需求量。如果涉及的产品数目众多，则在客户框中列出总需求量，然后附加一张表格列明各个型号零件的需求量。
- **客户地点的数量**。如果可能的话，请在客户框中列明产品总共需要运往几个不同的地点。假如只需要运往一个地点，那么就应该在客户框中列出地址及距离。
- **基本运营信息**。客户框中应该包括基本客户运营信息，如每个班次的工作时间、每天的轮班次数、每周的工作天数。如果客户数量众多，则可以省去这一信息。

第二步：绘制转运活动

下一步就是从价值流的物料流（在价值流图的下部）反向绘制转运活动。可以使用一个流程框来反映这一功能。在转运过程中，应该指明是否会累积在这里（即是否有运输通道），或是否有临时货物堆放处。在该流程框中没有必要包含其他流程数据，如运输花费的时间等。当然，如果绘制团队希望使用这类流程数据来改善转运活动，那么在流程框中包含上述数据也无可厚非。

第三步：绘制制成品库存

沿着物料流的相反方向，下一步我们将绘制制成品库存。制成品库存可以使用库存符号表示（通常是一个三角形），并在上面列明持有库存的天数及/或数量。如果零件数量众多，则可以在价值流图上写上总数量并附上一张分别列明每种型号零件详细信息的表格。

在这个过程中，可以按照80/20的规律对库存类型归类，也就是说，在零件数量众多的情况下，根据库存量分为高（前20%）、中（随后的20%）、低（最后的60%）三类。如果没有制成品库存，则省略该三角形符号继续绘制。

第四步：绘制物料流中的所有内部活动

完成制成品库存的绘制后，就到了价值流中物料流绘制的最后一个阶段。通常这个阶段就是最后组装或包装过程，但是也有可能是诸如浇铸成型、加工、金属冲压或电子组装（electronic assembly）等基本生产流程。

流程框代表了一个流或近似一个流中的某个区域。尽管一个制造单元中可能包含很多流程，但只要在流程工序间没有或几乎没有在制品库存，我们就可以用一个流程框来代表一个制造单元。在流程框中需要包含如下信息：

- **操作者数量**。
- **工作时间**。工作时间应该是可用于工作的时间减去休息及其他如按照计划每日一次或每日两次卫生清扫的停工时间。
- **加工时间**。这是一个流程的总加工时间（即着手处理时间）。加工时间可能不同于周期。周期是指一个流程生产一个零件所需的时间。例如，在一个制造单元中可能有5个工序，每个工序需要1分钟完成，这时加工时间就是5分钟，而周期就是1分钟。
- **周期**。如果周期与加工时间不同，就需要在流程框中明确列出。
- **换模时间**。换模时间应该是指零件与零件间的换模时间，即从完成上一批最后一个无质量问题的零件到下一批首个无质量问题的零件之间所需花费的时间。
- **机器正常工作时间**。该指标衡量机器不出现因计划外维护（维修）而造成停工的比率。假如一个流程框中包含了多台机器，则需要把这些机器的指标都列在流程框内。如果一台机器的停工将导致整条产品线停工的话，则在流程框上标明整条产品线正常工作时间的百分比。
- **批量或生产批次频率**（EPEi）。应该在流程框中列明零件的最小生产批量，或者也可以用时间的形式来表示该指标。许多组织现在用 EPEi（every part every interval）来表示大批量零件生产的间隔时间。例如组织对注塑成型流程有如下规定：每周对某个给定零件的生产不能超过一次。这些零件的 EPEi 就是一周，表示每周生产一次，生产量要能满足一周的消耗。可能生产这些零件只需要花费几个小时或更短的时间，但是其生产批量却是一周的消耗量。

- **首次合格率**。该指标是指流程生产的产品中合格品的比例。
- **直通率**。假如流程框中包含了数道工序，则需要包含直通率（rolled throughput yield）。
- **包装批量**。如果运输时每个包裹中装有固定单位的产品，则需要在流程框中列明单位的数量。例如按照每箱 4 个零件的规格销售产品时，该包装批量就是 4。

在每个流程框间还需要画出在制品库存，该库存同样也是使用制成品库存的三角形符号来表示。在完成所有流程框的绘制后，回到第一个流程框，在该框的左面应包含一个表示采购零件或物料的库存标识。

第五步：绘制供应商框

物料流部分的最后一步便是绘制供应商框了。假如每种产品类型有许多不同的供应商，则需要附加一张表格列明每家供应商及其供应的产品，以对价值流图进行补充说明。或者也可以对每个关键客户及每个关键的采购产品都使用一个独立的框来予以表示。

一些大型零件的制造商物料需求量可能相当大。在这种情况下，最好只画出一些主要元件。请记住绘制价值流图的目的是寻找改善机会，因此是否全部画出生产装配线上的每个部分并不是十分重要。完整地画出当前价值流图反而常常会造成困惑，这也是人们最终放弃的原因。所以不要尝试画出非常完整的价值流图，在绘制中只需要考虑关键数据即可。

第六步：绘制信息流

接着我们在图的上部自右向左开始绘制信息流。从客户端着手，首先从客户框向工厂绘制信息流。

确认发送了何种信息及该信息发往何处。假如信息是发给一个订单加工流程，首先画出该流程框，随后画一个箭头将客户与该订单加工流程框连接起来。如果信息是直接发给企业资源计划（ERP）系统，则在客户与ERP系统间画上箭头，同时在箭头旁边用一个小框描述所发送的信息。例如客户发送了一张月度订货预测，就应把该预测写在那个小框中。

第七步：绘制指向供应商的信息流

同样，我们画一个从生产控制或采购活动指向供应商的箭头，表示发送的信息流向。该信息包括需求预测、订单及订货周期。

第八步：绘制从生产控制指向车间的信息流

在完成这一步前必须回答“工厂内的各个区域如何知道生产什么”这一问题。绘制从生产控制框指向车间的各个流程框的箭头以表示信息流向，并列明所发送的信息内容，其中包括生产订单、每日或每周生产安排及优先生产列表等。最后还需要确定价值流图中物料流的流程间物料是如何传输的：推动、拉动/看板及先进先出（FIFO）。通常，在流程间传输物料时假如已经使用了推动的方式，那么此时，生产就不会按照先进先出（FIFO）或拉动系统（即看板）的方式进行。

第九步：计算主要指标

在完成价值流图的绘制后，绘制团队还应该计算以下关键指标：

- **预测交付期**。这是工厂内从原材料到制成品库存天数的总和。假如在采购元件上做上标记，然后计算从采购元件进入工厂到经过所有流程最终装箱运输所需要花费的天数，那么其结果就是交付期。库存天数大致等于交付期。

- **创造价值时间（或总加工时间）**。这是物料加工的总时间（即装配、加工、冲压及焊接等花费的总时间）。
- **创造价值时间百分比**。这是在总交付期中，产品真正处于加工状态的时间百分比：

创造价值时间百分比 = 创造价值时间/预测交付期

一旦完成了各家供应商当前物料流及信息流的绘制，绘制团队就可以开始为每家供应商绘制未来价值流图了。下一部分将对此展开一步步的详细讨论。

7.4 绘制未来价值流图

在当前价值流图的数据基础上，绘制团队通过完成以下四项主要任务就可以绘制未来价值流图了：

1. 确定一个流生产的可能性。
2. 为上游生产及库存管理寻找合适的系统。
3. 为生产调度寻找系统。
4. 寻找必要的流程改善机会。

让我们来仔细看看这四项主要任务。

第一个任务：确定一个流生产的可能性

绘制未来精益价值流的第一个原则就是在所有可能实现的地方建立一个流。建立一个流需要两个步骤。

第一步：确定节拍时间（takt time）。首先要做的第一步是按照以下公式计算节拍时间：

$$\text{节拍时间} = \frac{\text{每次轮班的实际工作时间}}{\text{每次轮班需要完成的平均产品数量}}$$

节拍时间显示了客户对一种产品或一类产品的需求与实际工作时间的比率。例如，每次轮班实际工作时间为 420 分钟，平均每次轮班需要完成 840 单位的产品。这时，生产节拍就是 30 秒或 0.5 分钟。

即使在根据订单定制或需求极易变化的环境下，仍然可以根据客户需求的历史数据来计算节拍时间。这么做的目的是根据节拍时间确定生产率，以确保加工流程能够跟上节拍。在战略层面设定库存水平也有助于缓解需求不确定的问题。应根据每次轮班需求的变化及时重新计算节拍时间，但是也不能过于频繁地调整节拍时间。例如丰田公司每月一次为汽车装配运营调整节拍时间。

第二步：确定可以实施一个流的地方。在所有的流程都大致按照节拍运行，同时没有在制品库存积压的情况下，就可以实施一个流。这时，这些流程通常按照 U 形分布，我们称之为一个流制造单元（one-piece-flow manufacturing cell）。在一个流制造单元中通常不包含大批量生产模式，而可以包括一些换模时间相当短的小批量流程。一个流制造中需要考虑的关键因素如下：

- **高效率的流程**。一个流所包含的所有流程必须能够持续地生产质量合格的产品。假如流程中存在许多质量问题，是不可能实施一个流制造的。
- **能够高度重复的流程**。所有的流程必须能够不断重复。如果在重复过程中会出现许多变化，则也不可能实施一个流制造。
- **设备正常运转时间的比例非常高（接近 100%）**。设备必须总是处于正常运转状态。如果制造单元中的设备总是受到停工的困扰，那么也不可能实施一个流制造。

上述评判的标准不应该基于当前现实状态，而是应该由绘制团队判断在未来是否能够达到，并以此作为评判基础。可能在当前状态下没有一套流程能够满足上述所有的三个标准，此时绘制团队就需要判别在实施精益工具的一年内流程的效率、可重复性及设备正常运转时间是否可以得到改善。在这个判别过程中，绘制团队需要回答以下问题：

- （假如有的话）哪些流程可以考虑实施一个流制造？

- 组织需要多少一个流制造单元？在每个单元中将包含哪些流程或设备？
- 大致需要几名操作人员？（应根据节拍时间确定操作人员数量。）

在价值流图的绘制过程中，团队并不需要真正详细地设计制造单元。设计及实施制造单元将是实施计划中的一项任务。

第二个任务：为上游生产及库存管理寻找合适的系统

在完成一个流制造机会的寻找后，绘制团队下一步就是要决定如何通过系统管理上游流程及库存。团队必须利用下面三个主要步骤：

第一步：确定如何调度那些不属于一个流制造范围的区域，并在流程内及流程间管理库存。一般来说，这些区域都是可以使用拉动系统调度生产的，或是可以使用其他调度系统进行调度的根据订单定制的上游流程。在上游流程间以及上游流程与一个流制造单元间管理库存，也是这个调度系统的作用之一。

- 如果是根据拉动系统调度生产，则在流程间需要设置零件超市，并根据看板从超市中取货。
- 假如上游是根据订单定制的流程，则在流程间可以使用先进先出（FIFO）的方式存储库存。在先进先出的方式下，任何零件只可以存储有限的数量。一旦达到存储的最大单位数，上游流程立即停止。这样不仅能够防止在上游出现过量生产，也能确保按照特定顺序（先进先出）生产产品。
- 另一种方法是按顺序生产。在这种方法下，上游流程将接到按照客户订单生产一个零件的信号，并在生产完成后向所需的一个流制造单元直接送货（两者之间不存在库存堆积）。

我们来看一个实际的例子。假设在价值流图绘制过程中，绘制团队发现在装配单元可以实施一个流制造。我们再假设注射成型流程是装配单元的上游流程。由于注射成型的性质决定了该流程只能进行大批量生产，而无法根据节拍时间调整规模，所以注射成型流程不能归于一个流制造单元中。那么我们应该如何确保这一上游流程可以生产出恰好满足装配单元需求的数量，而没有过量生产呢?

传统的精益方法是在存储了规定数量零件的超市中建立拉动系统。当从超市中取出零件并送往一个流装配单元时，就会通过看板或其他信号向注射成型区域发送订单。这使得上游流程可以仅仅生产下游一个流装配单元需要的数量，根据系统中看板或信号的数量来控制库存水平。

在某些情况下，实施拉动系统并不符合实际。我们假设流程是根据订单定制的，也就是在上游流程存在客户定制的部分，因此在超市中堆积所有零件并不现实。这时就需要在注射型流程及装配流程间使用先进先出的方法。注射成型的元件都堆放在先进先出通道中，由下游的装配流程来拉动生产。当先进先出通道装满时，（为防止过量生产）注射成型流程立即停止。在某些情况下，注射成型流程实际上并不会停止，被装满的先进先出通道会直接提示我们出现了问题必须解决。这时我们如果不停止上游注射成型流程的话，就必须要求下游流程加班以补足上下游之间的差距。

第二步：为采购零件寻找库存管理的方法。采购的零件库存可以采用与上游流程中零件库存管理相似的方法予以管理。采购零件可以堆放在采购零件超市，通过在供应商处实施看板系统以控制采购零件进入超市的数量。对于定制零件，可以实施先进先出的方法。

第三步：为制成品寻找库存管理的方法。团队必须确定哪些产品需有产成品库存，哪些产品完全按顾客订单生产。对于车间调度（job-shop）的情况无须考虑此问题，因为车间调度不涉及产成品库存。对于其他情况，可以考虑采用将部分零件储存在产成品超市中，或将所有零件储存在产成品超市中。

除了那些只生产少量型号的产品且生产量很大的零件生产商可以完全以制成品形式持有所有库存外，在其他情况下这么做是不现实的。一般情况下，我们通常只对一部分零件持有制成品库存，而其他零件根据具体订单再予以生产。为应对额外需求，最常用的方法是存储大批量生产的零件，而根据具体订单生产小批量零件。

第三个任务：建立生产调度系统

精益生产的主要原则之一就是基于客户订单对价值流上的唯一一块区域进行生产调度，而不是独立地调度每个流程。绘制团队下一步要做的就是在整个流程中确定进行生产调度的区域以及如何在该区域平衡生产零件的数量及生产零件的种类。

第一步：确定价值流上的生产调度点。与物料需求计划（MRP）中生产单元独立调度不同，精益生产的原则规定只有唯一一个生产区域可以根据客户需求调度生产。这一区域通常是最后装配或包装区域，或者在按订单定制情况下位于更上游的区域。在大多数情况下，能够从制成品超市或运输过程及时调度上游流程的生产。按客户订单定制产品的流程不能调度下游流程的生产，这是一条一般规则。

我们看一个简单的例子。有一个传统的标准产品制造商，该制造商的客户化生产比率较低。假设该制造商生产一种定制的电子设备，其中包括外部的喷粉金属板（powder-coated sheet metal）、电子元件及内部的电脑主板。我们假设该电子设备的所有元件都是从供应商处采购得到的，但是要经过三个内部加工流程：

1. **金属板加工**。这是指金属板的切削。最终产品的尺寸是根据客户需求定制的，总共有三种规格。
2. **喷粉**。根据客户需要的颜色对金属板进行喷粉及贴花。
3. **最后装配**。最终产品的组装。

在这种情况下，调度生产点应该是喷粉这个过程。由于金属板只有三种规格，所以可以建立金属板元件超市。请注意，由于喷粉流程是产品按客户需求定制的流程，所以对下游最后装配的调度生产是没有作用的。因此喷粉流程是安排调度的理想位置。订单首先发往喷粉流程，然后，从超市取出金属板零件，随后经过喷粉的零件将被运至最后装配区域前的先进先出通道内。

第二步：制定计划以平衡调度区域内产品的生产数量及种类。这是为了确保在每个制造单元中都拥有稳定的产品数量及种类。例如，我们假设在一个制造单元中生产五种产品：A、B、C、D 和 E，并假设每天运送产品。目前在该制造单元中周一生产 A 产品、周二生产 B 产品，周三生产 C 产品，周四生产 D 产品，周五生产 E 产品。为了确保每天能够运输所有的产品，需要持有更多库存以支持这个系统。

但是如果使用平衡的方法，该制造单元就可以以平衡的方式每天生产这五种产品，也因此减少了整个价值流的库存量。大批量制造单元减少生产数量较为简单。在整个生产过程中可以使用一块简易的生产调度板（即一块白板），只需要在上面列明每小时生产要求，并比较一整天实际生产量与计划生产量是否相符即可。

但是在产品数量众多的情况下，必须使用不同的方法。在这种情况下，各个产品的加工时间经常是不一致的，可以使用平准化生产或生产均衡柜的方法予以处理，但还需要进一步修正。我们的一位客户使用不同规格的卡片表示订单完成的总时间。随后这些卡片按照图 7.2 所示的方式在空格中排列。这比使用有严格时间间隔的邮局式调度箱（post-office-style scheduling box）更为灵活。按照图 7.2 所示的系统，企业可以根据不同的生产时间相应调度生产。甚至换模的“卡片”也可以插入其中，表示不同产品类型间的换模时间。

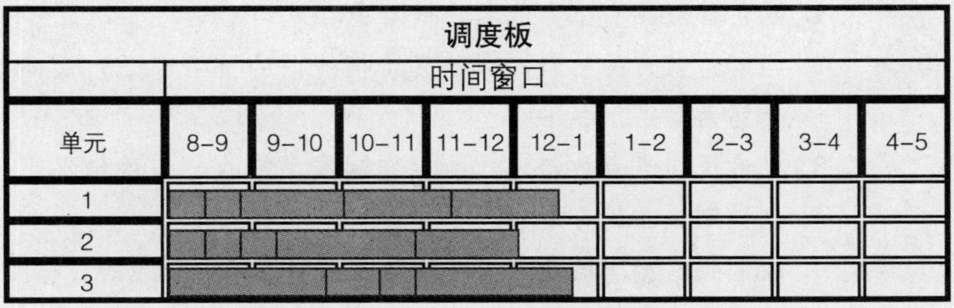

图 7.2　调度板示例

第四个任务：寻找必要的流程改善

为实现绘制团队制定的未来价值流目标，必须对流程进行相应的改善。同时为了更快地实现未来目标，还应该寻找其他消除浪费的改善机会。绘制团队应该使用头脑风暴的方法（详见第3章）来寻找流程改善的机会。团队中的每位成员都应该参与到为价值流提改善建议的头脑风暴中，随后评估每条建议并运用于未来价值流图。

表7.1列出了流程改善的类型及协助其实施的相应工具。

表7.1　流程改善示例

流程改善	使用的工具
改善设备维护，提高正常工作时间	全员生产维护、5S
减少换模时间	快速换模、5S、全员生产维护
改善供应商送货	看板系统
改善生产调度	看板系统、负荷平衡
质量改善/降低变动性	六西格玛/统计方法、5S、TPM

7.5　实际绘图并计算指标

在经过了头脑风暴之后，绘制团队必须开始绘制能够反映所有寻找到的改善机会的未来价值流图。这些改善机会包括：一个流、上游生产及库存管理、调度生产及其他流程管理。未来价值流图应按照当前价值流图相同的格式绘制（参见本章开始部分）：

1. 从价值流图右上方的客户框着手。
2. 沿着价值流的物料流部分（价值流图的下半部分）反向绘制转运活动。
3. 继续反向沿着物料流，在存在制成品库存超市的情况下，绘制该制成品库存超市。
4. 绘制物料流中的所有内部活动，列出未来价值流的目标指标。
5. 绘制供应商框。
6. 从右向左在价值流图上部绘制信息流。从客户端着手，首先寻找从客户框到机构的信息流。

7. 绘制指向供应商的信息流，包括订单及预测等信息。
8. 绘制从生产控制到车间的信息流，其中应该包括流程间为引发生产或取出物料而建立的所有拉动系统、先进先出通道或其他信息传输方式。
9. 当完成价值流图绘制后，绘制团队应该计算创造价值时间、预计交付期及创造价值时间百分比。

7.6 创建实施计划

绘制团队的最后一步工作就是创建实施计划，明确为达到未来状态需要完成的项目，同时还可以追踪实施的进程。图7.3是实施计划的一个示例。

价值流实施计划						日期：		
目标	任务	主要工作	开始	结束（计划）	结束（实际）	团队领袖	团队成员	状态

图7.3　实施计划示例

实施计划的目的是为了追踪以下项目，使整个组织清楚地了解其进展状况：

- 项目当前状态。
- 任务。
- 起始及终止日期。
- 恰当的目标及实际结果。
- 负责的个人和/或团队。

在了解了整个过程中的每个步骤后，我们现在来看看EVS公司是如何绘制其中一家供应商的价值流的。

案例研究

EVS 如何为其供应商 San Simeon 装配厂绘制价值流图

EVS 公司与其所有主要供应商一起改善他们的内部价值流。让我们一起来看看 San Simeon 装配厂的价值流图绘制项目。

EVS 选择其绘制团队

EVS 与 San Simeon 装配厂一起组建了包含以下人员的小型绘制团队：

- EVS 高级工业工程师
- San Simeon 装配厂经理
- San Simeon 装配厂工业工程师
- San Simeon 装配厂采购代理人
- San Simeon 装配厂仓库/运输经理
- San Simeon 装配厂测试及组装主管
- Electronics 公司工业工程师

绘制团队为 San Simeon 装配厂绘制当前价值流图

绘制团队为 4400A-Q 产品线（参见图 7.4）绘制了当前价值流图。该图是通过以下方法绘制的：

1. 绘制团队从客户端及客户需求着手。在价值流图的右上角，我们可以看出 EVS 公司的需求是 120 单位/天。这一数据相当于终端客户总需求。
2. 下一步就是绘制流程框。在当前图中有四个主要流程框。在每个流程框中，绘制团队都列出了一些相关数据，包括加工时间、换模时间、操作人员数量、工作时间及轮班次数。绘制团队同样列出了每个流程间的库存水平。物料流中的流程框分别是：
   - 转运
   - 测试
   - 总装
   - “A”、“B”两个平行的装配步骤
3. 接下去绘制团队在图的左上角列出了主要供应商：Electronics 公司及机械加工供应商 Tau 金属加工厂和 Omega 制造厂。由于绘制团队并不准备分析或改善这些组织，所以没有列出这些供应商工厂的任何数据。在图中，绘制团队只列出了这些供应商的发货频率及方式。
4. 随后绘制团队使用推动箭头连接各个流程框，说明在当前状态下，物料是一步步地推动流转的。

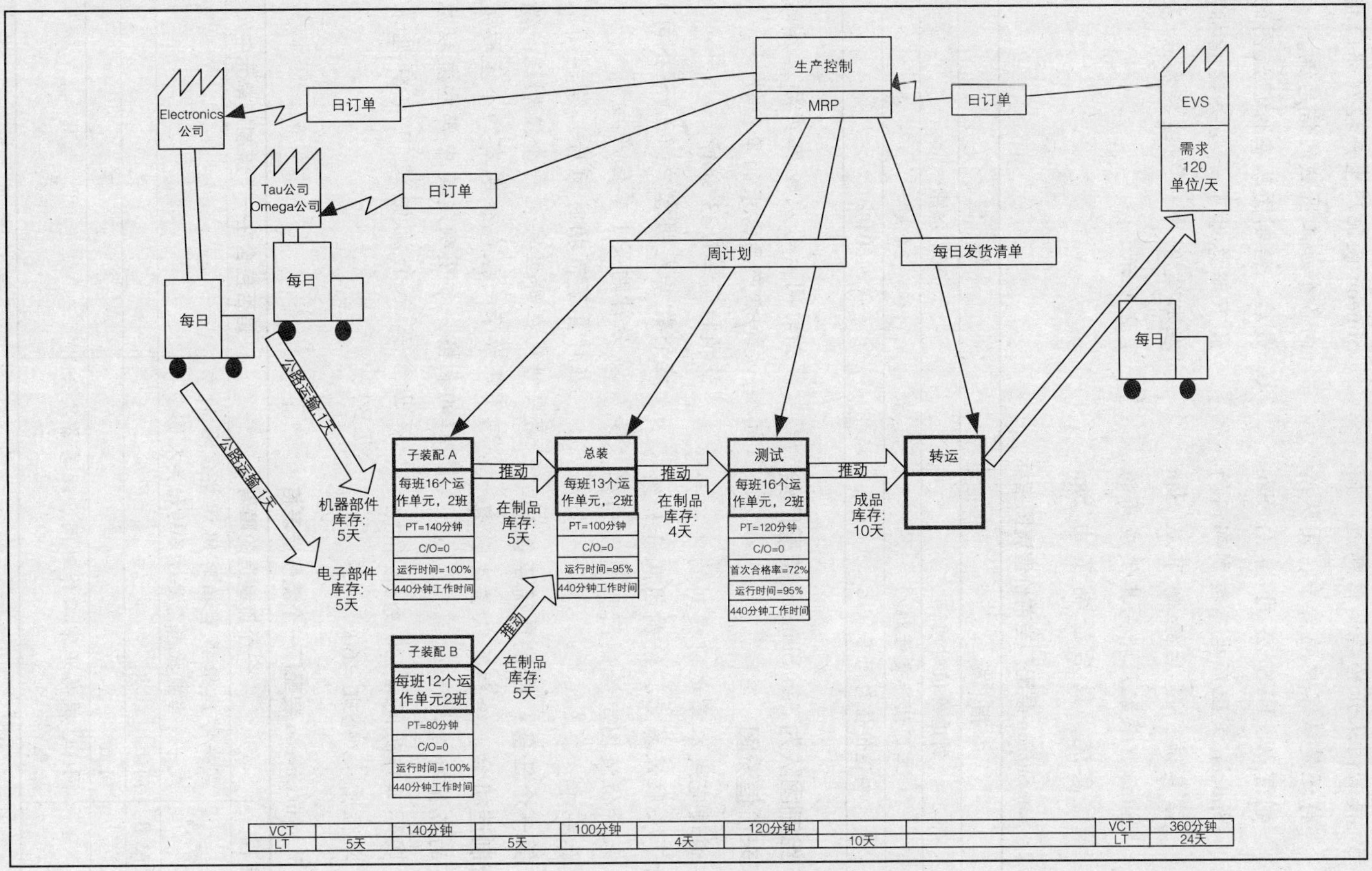

图7.4 San Simeon公司当前价值流图

5. 接着团队开始绘制信息流。同样还是从客户端着手，团队绘制了从 EVS 公司指向 San Simeon 装配厂生产控制部门的信息流，随后绘制了从 San Simeon 装配厂指向其供应商的信息流，最后绘制了由 San Simeon 装配厂生产控制部门指向各个加工区域的信息流。

6. 最后，绘制团队在价值流图的最下部总结了一些关键指标。在本案例中，关键指标如表 7.2 所示。

表 7.2　San Simeon 装配厂当前价值流图指标

指　标	数　值
创造价值时间	360 分钟
工厂预计交付期	24 天
创造价值时间百分比	1.04%

EVS 绘制团队为 San Simeon 装配厂绘制未来价值流图

通过完成本章之前提到的任务并进行了头脑风暴后，绘制团队开始绘制未来价值流图。绘制团队完成的任务具体如下：

第一个任务：寻找负荷平衡的一个流制造机会。绘制团队首先计算了如下的节拍时间：

实际工作时间 = 440 分钟/轮班

单位需求/轮班 = 60

节拍时间 = 每次轮班实际工作时间/每次轮班产品需求的单位数

节拍时间 = 7.33 分钟

这个数据表明客户（EVS 公司）每 7.33 分钟购买 1 单位产品。

在计算了节拍时间后，绘制团队需要研究在哪里实施一个流制造。绘制团队做了一张包含所有四个主要流程的表格，希望确定其中哪些流程应该包含在一个流制造中（参见表 7.3）：

表 7.3　San Simeon 装配厂一个流候选表格

流程	一个流制造的障碍	是否包含在一个流制造单元中？
子装配 A	需要考虑根据节拍时间调整流程的方式——当前状态需要过多的相关人员	是
子装配 B	同上	是
总装	同上	是
测试	同上，提高正常工作时间、改善首次合格率	是

绘制团队最终决定创建一个包含上述所有四个主要流程的一个流制造单元。在这一过程中，团队发现了在实现一个流制造中存在一些障碍：

- **按照节拍时间修正调整**。尽管节拍时间是 7.33 分钟，每个流程花费的时间要比节拍时间长得多。假如是一个制造单元，运行这个单元需要许多操作人员。例如总时间为 360 分钟，经过粗略计算，该制造单元需要大约 50 名操作人员：

  所需要的操作人员数量
  =制作 1 单位产品的总操作时间/节拍时间
  =360/7.33 =49.1 名操作员

  为了降低工作量，使得操作人员为 30 名，绘制团队决定建立 5 个相同的单元（每个单元内有 6 名操作者）。
- **测试设备的正常工作时间**。在当前状态下，正常工作时间为 95%，而在一个流制造单元中，正常工作时间应该接近 100%。稍后绘制团队将通过头脑风暴共同解决这个问题。
- **提高合格率**。当前系统下，产品首次合格率仅为 72%。这需要大幅改进，同样在稍后的头脑风暴中会对此商讨解决对策。

第二个任务：为上游生产及库存管理寻找合适的系统。在找到了实施一个流制造的合适区域后，下一步就要明确应该如何管理那些不能包括在一个流制造范围内的区域，以及整条价值流的库存管理。

在这个案例中，绘制团队需要构建彻底的一个流，也就是说唯一需要管理的库存是采购零件及制成品。团队做出这样的决定是由于采购零件是每天发送的，这么做能够使库存降低到不超过 2 天。同样，绘制团队认为这么做也可以把制成品库存降至 3 天。这样总库存就只有 5 天（考虑到 EVS 公司在工厂内还持有 2 天的额外库存）。EVS 相信最终其生产的产品将能够直接转运，但是目前公司还没有这步打算。

第三个任务：为生产调度建立一个系统。由于需要对一组一个流制造单元调度生产，所以绘制团队面临的问题不是在哪里调度，而是在制造单元内如何平衡产品数量与种类。由于换模时间为零，而且在单位产品的制造过程中保持流程稳定，所以按照 EVS 的电子订单需求调度产品生产的同时，也能够很好地平衡产品种类。但是绘制团队面临每日需求波动的问题。这时候就可以使用 3 天的制成品库存来缓冲需求波动。

第四个任务：寻找流程改善机

会。EVS公司未来价值流图绘制团队曾经进行过头脑风暴，并得到了一些实施方案。在此我们对头脑风暴过程不再详述，具体内容请参见第3章。下面列出了绘制团队通过头脑风暴对未来状态提出的主要流程改善建议：

1. 研究测试流程；研究如何通过消除或修改测试来大幅度降低时间。（是否可以在前几个工序就完成其中某些测试呢？）
2. 对测试设备进行养护性维修以提高正常工作时间；使维护团队与设备的设计及生产组织一起研究（即定制设备）。
3. 在测试过程中对失败的原因绘制排列图。成立问题解决小组一起通过解决关键问题提高首次合格率。
4. 在装配及测试单元中使用每日订单分派工作。
5. 实施简单的自动化操作，以使操作人员可以更好地在制造单元内发挥作用；当某些工序可以通过自动化操作完成时，操作人员就可以继续在制造单元内的其他区域为组织增加价值。
6. 在采购零件超市、制成品仓库及每个装配/测试单元都实施5S系统。

图7.5是San Simeon装配厂的未来价值流图，在该图中出现了如下变动：

- 包含所有装配及测试的五个相同的制造单元。这样管理起来会更加方便。
- 每天都向制造单元发送生产订单以调度生产。
- 更少的制成品库存（3天）。
- 更少的采购零件库存（2天）。
- 没有在制品库存。

表7.4列出了与当前状态相比未来价值流图的改善。交付期缩短79%表示库存也相应减少。如果使用货币的方式计算上述数据，我们得出以下结论：

表7.4 San Simeon装配厂当前状态与未来状态

指　　标	当前状态值	未来状态值	改善（%）
创造价值时间	360分钟	280分钟	22.2
工厂预计交付期	24天	5天	79.1
创造价值时间百分比	1.04%	3.24%	212
操作员数量/轮班	57	30	29.8

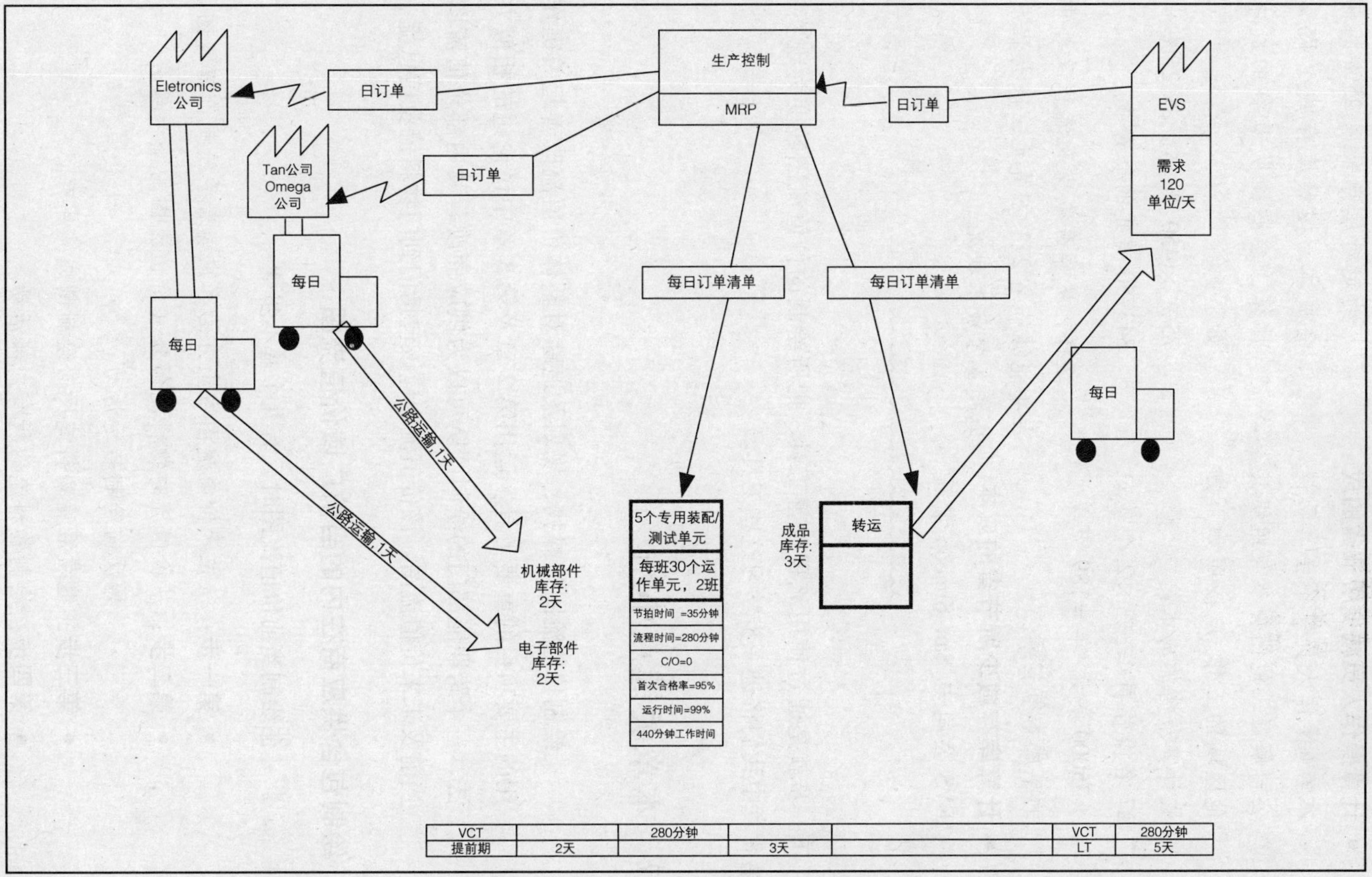

图7.5 San Simeon 公司未来价值流图

- **计算操作人员减少所节省的成本**。（操作人员并不会真正被公司解雇，他们会参与组织其他区域的工作。）按照如下方式计算节省的成本：
  27 名操作员/轮班 ×2 个轮班 ×35000 美元/年 =189 万美元的年成本节省额。
- **计算库存减少所节省的成本**。EVS 公司与 San Simeon 装配厂约定对库存采用 25% 的储备成本。按照库存减少 75% 计算，绘制团队节省的成本如下：
  75% ×450 万美元 ×25% = 843750 美元的节省额。

这样，从库存减少及流程改善中每年能够节省 273 万美元，很大程度地改善了成本状况。

下一步就是通过使用流程改善工具，把所绘制的价值流图转变为现实。在第 8 章中我们将进一步学习这些工具。

7.7 本章关键点小结

绘制价值流图是寻找、规划及追踪对整体价值流改善起关键作用的主要项目的重要工具。运用第 2 章及第 3 章中讨论过的相似方法，一个跨职能部门的绘制团队可以为供应商改善其内部价值流图当前及未来价值流图。该价值流中应该包括门到门物料流及信息流。

绘制包含供应商在内的当前广域价值流图

在绘制当前价值流图时，有九个基本步骤：

- **第一步**：从位于价值流图右上方的客户端着手绘制价值流图。
- **第二步**：从价值流的物料流部分（价值流图的下半部分）开始反向绘制转运活动。
- **第三步**：继续沿着物料流反向绘制制成品库存。
- **第四步**：绘制物料流的所有内部活动。

- **第五步**：绘制供应商框。
- **第六步**：从客户端自右向左在价值流图上半部分绘制信息流。首先绘制从客户端到工厂的信息流。
- **第七步**：绘制指向供应商的信息流。
- **第八步**：绘制从生产控制指向车间的信息流。
- **第九步**：计算预计交付期、创造价值时间及创造价值时间百分比。

绘制未来广域价值流图

在完成当前价值流图的绘制后，绘制团队通过以下步骤绘制未来价值流图：

- 在可能的区域创建一个流制造单元。
- 决定如何管理上游流程及整个系统的库存。
- 明确流程中安排生产调度的区域及如何在该区域平衡产品数量与种类。
- 使用第3章中提及的头脑风暴来寻找改善机会。

随后，绘制团队还需要就未来状态下所有的改善制定实施计划。在该计划中应该包含为实现未来价值流图所必须进行的流程改善项目，我们将在第8章中予以详细讨论。

7.8 应用于您的组织中

请回答以下问题：

1. 您会选择哪家供应商一起研究其内部价值流图的绘制？为什么？

2. 在第一次绘制价值流图的过程中，您希望组织中的哪些成员以及供应商中的哪些人员参与到整个绘制过程中来？

第 8 章

流程改善工具

8.1 流程改善消除浪费

第 7 章中我们曾经讨论过绘制内部价值流图的目的是寻找并规划流程改善的机会。流程改善的目的是为了从流程角度消除浪费。与价值流图的绘制不同，流程改善的工具是一种实施的工具。流程改善工具能够消除生产过程中的七种（加一种）浪费。我们首先回顾一下这些浪费的形式，然后逐一分析每个主要的流程改善工具及其作用。

回顾生产中的七种（加一种）浪费

首先我们回顾一下生产过程中的七种浪费（详见第 1 章）。丰田汽车公司的前首席工程师大野耐一明确了生产中存在的七种浪费，并使整个丰田生产方式为大众所接受。以下就是七种（加一种）浪费：

第一种浪费：过量生产。过量生产是一种主要的浪费形式，非常有趣的是，它同时也是其他形式浪费的原因或结果。过量生产的意思非常简单，就是生产了多于需求的产品。机器运转换模时间较长往往会导致过量生产的发生。人们经常会这么认为："为何不让机器多运转 1 小时？反正以后那些产品总会用到的。"如果经常这么做，多余的零件最终会造成巨大的浪费：过量库存。过量生产同时还会掩盖质量及设备可靠性等问题。

第二种浪费：运输。在工厂内搬运产品并不能为该产品创造价值。我们应该把那些必要的运输降到最低。例如，可以通过实施有效物料管理的一个流制造单元使运输最小化。一旦完成一个流制造单元的设计，所有流程及机器之间的距离都会缩短，就能够在制造单元内把运输降到最低，同时制造单元内合理设计的物料运送路线也可以把工厂中的物料运输降到最低水平。

第三种浪费：不必要的库存。尽管可以使用库存平衡生产并及时对客户做出反应，但由于产品过时或工艺变化，太多的库存会导致产品作废或需要返工，花费巨大的成本。同时为了储存库存还需要额外的空间，需要投入大量资金。一个流及精益生产为制成品、原材料、采购零件及内部自制零件都设定了合理的库存水平。在真正的一个流制造单元内，在制品库存应该为零。

第四种浪费：不恰当的工艺。当人们首次认识到这种浪费时，总认为是由于大批量生产设备不能适应一个流制造单元造成的浪费。其实这种浪费包含了所有形式的不恰当工艺。不恰当工艺最常见的形式之一就是返工，尤其是生产流程中的返工工序。返工经常会出现在最后的“修整”或“质量保证”阶段。

这里的意思是第一次就应该准确无误地生产产品。有一次在为一家工厂做咨询时了解到，该工厂在返工产品上所花费的时间居然比正常流程还要多！解决的方法只能是通过改善生产流程消除不必要的返工工序。这也是我们通常所说的“提升生产质量”。虽然现在这么说可能会令人感到是陈词滥调，但是对精益生产的实施来说，提高生产质量是非常重要的一个环节，同时也是丰田生产方式的支柱之一。

第五种浪费：等待。等待这种浪费形式主要是指人员的错误使用——浪费时间。比如操作员需要等待机器运行的现象就是一种等待浪费。可以通过实施机器的自动化操作，操作员在机器自动运行的同时完成其他工作的方式来消除这种浪费。等待也是生产线或制造单元内不均衡的一种表现，因为正是由于某些工序不能按照节拍时间正常运行，从而导致另外一些工序（如人员及设备）等待。

第六种浪费：过度移动。我们几乎可以在所有的工序（包括人员）中发现过度移动。过度移动最容易出现的形式便是走动。操作员是否需要走动以取得零件或工具？第二种过度移动的形式与人体工效学相关。操作员在伸展、弯曲或走动时是否会受伤？解决过度移动的方法就是把所有流程中必须的东西（即工具、零件等）放置在使用的地方。

第七种浪费：次品。次品可能是最明显的浪费形式，会导致废品或产品返工。这是一种明显的浪费，可以通过改善流程予以消除。许多次品可以通过流程标准化及实施标准操作轻松得以消除。

第八种浪费：未充分使用员工技能。正如第 1 章中提到的，不能充分使用员工或客户的技能是第八种浪费形式。可以通过实施精益生产来解决这个浪费问题。精益生产的过程涉及一个组织中所有层次的人员，从工厂操作工到公司总裁都会参与从提出持续改善建议到最终实施整个过程。如果能够合理地实施精益生产，第八种浪费就可以消除。

8.2 第一种工具：作业标准化

对所有操作实施标准化是精益生产最重要的工具之一。尽管从表面看这并不是一个主要的工具，但为了确保成功实施精益生产，为所有操作绘制标准工作图表是至关重要的。即使是在定制的操作中也会存在需要标准化的工作要素。大多数不能顺利实施精益生产的工厂都缺乏标准化生产。

例如，在一个制造单元中，每位操作人员都应该有一张列明以下信息的标准工作图表：

- 他或她的工作。
- 节拍时间。
- 每项操作的标准时间。
- 图示表明每项操作的地点。

一张标准工作图表最好应该能够列在一张纸上。图 8.1 给出了一张简单的标准工作图表。

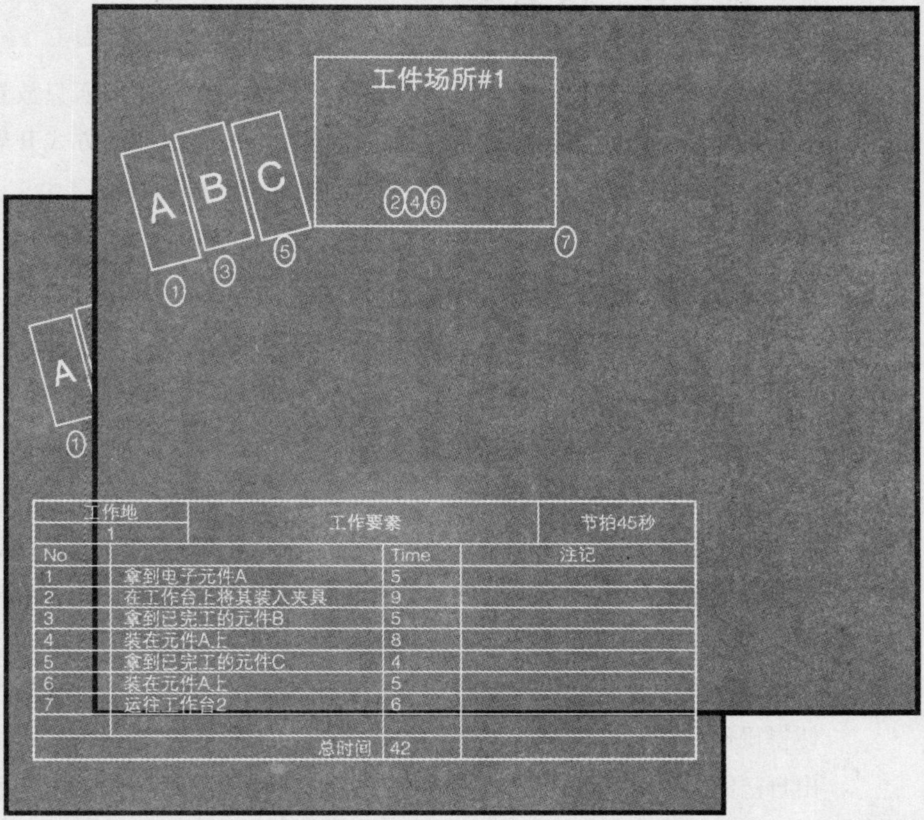

图 8.1　标准作业图表示例

工厂经理通常会认为标准工作图表就是包含许多很少用得到的工作指示的临时契约。这并不是我们所说的标准生产！在能够实施标准化的工厂、生产活动及其他所有活动中都应该根据标准生产图表来运送物料。

标准生产图表确保任何进入工厂（或办公室）的人都能够判断是否按照标准进行生产。如果一个组织中的每个员工都按照他/她自己的方式进行操作，那么整个组织绝不可能成为精益组织。无论产品是否为标准化的产品，成功的精益生产取决于标准化操作。

8.3 第二种工具：5S 系统

在第 1 章中我们曾经提到，5S 系统的目的是在工作场所只放置必要的物品、每件物品都放置在指定的位置、按照标准的方式开展工作及维持 5S 的方法。从日本语中翻译过来，5S 分别表示：

- **整理**。将目前生产中不必要的物品从工作场所中清除。
- **整顿**。把留下来的必要物品依规定位置摆放，并放置整齐。经常使用的物品按照就近原则摆放。
- **清扫**。保证工作场所所有东西都干净整洁，能够随时被使用。
- **清洁**。使用工具以维持前面 3S 的实施。
- **素养**。培养一种文化来保持正确的 5S 步骤及持续改善。

对于组织而言，5S 系统能够减少次品、浪费及延时生产的概率，有效降低事故伤害及停工时间。这些优势能够转化为较低的成本和较高的质量。

对于操作者来说，5S 系统创造了一个卓越的工作环境。5S 系统使得操作者能够有机会就工厂的组织方式、布局及标准工作方式提出自己的建议。操作人员能够始终方便地找到所需物品。工作场所也会变得越来越干净、安全。许多障碍被移除后，操作员的工作将变得更加简单，其工作满意度也会提高。

我们来仔细看一看 5S 中的每一项内容吧。

整理。第一个“S”要求分辨哪些物品是需要的，哪些是不需要的，然后去掉那些不需要的物品。这就是我们所谓的“红标签”(red-tagging)。团队审查所有物品（如工具、设备及物料等）并回答这个问题：“在常规情况下我是否需要这些物品?”

很少使用的物品应该被贴上红标签。在调整不规范的零件或流程时常常会使用红色标签。在处理这些问题时应该寻找其根本原因以彻底解决问题，而不应该使用类似于红色标签之类的应急手段助长“隐形工厂”的产生。在确定了实际需要的物品后，重新更新所需物品清单。

整顿。为了使物品便于使用，第二个“S”要求合理摆放物品并为其贴上标签，以使任何人都可以在特定的位置找到、使用并归还这些物品。在条件允许的情况下应该使用可视化控制。可视化控制是在工作环境中能够立刻显示工作应该如何完成的一切沟通设备。整顿通常包括如下基本要求：

- 生产区域内工具及设备的放置在视觉上都应该满足简单有序的要求（能够一眼看出某个工具的合理位置，并在工具丢失时马上察觉）。
- 最常用的工具及设备按照就近原则摆放。
- 工作区应该能够有专门的位置摆放各种工具，不要有任何阻碍视线并需要经过不必要的动作来打开和关闭的工具箱或抽屉的存在。
- 工厂的地板上应该粘上胶带或涂上颜色以区分操作区域、零件区域及通道区域，并分隔不同物料及危险区域。
- 标准生产图表应该及时更新并张贴在工作区内。
- 应该使用信号板策略：
  —显示制造单元、产品线及工作区的标识。
  —列明生产目标与实际结果的白板。
  —列明主要指标（库存、培训及分类等）的区域信息板。
- 在工具及工作区设计时应该考虑运用人体工效学。

清扫。第三个“S”要求每天完工后把工作区域打扫干净，物品归位。这需要完成以下任务：

- 定期（至少每天一次）清扫。
- 确定清扫的负责人员。
- 建立清扫/再储存方法（工具及清单等）。
- 主管定期检查。

第三个“S”也包括对设备进行简单的预防性养护，对设备的漏电、电线老化及其他问题进行检查。

清洁。第四个“S”是组织用来维持前三个“S”的方法。通过在日常工作中融入3S的意识，维持工厂清洁，保持所有物品井然有序，并使这种行为成为一种习惯。在3S活动中使用如清单及标准生产图表等工具令方法标准化。

素养。第五个“S”使组织可以维持其5S项目并营造一种持续改善的文化。这要求5S的执行负责人确保5S成为企业文化的一部分，定期公布审查结果及工作组的5S绩效评估。

最后一个“S”的实施是大多数公司失败并最终回到原先生产方式的主要因素。通常人们会认为5S仅仅是一项活动而不是公司文化的一部分。一些实施了几个月5S的公司最终发现它们还是回到了起点。为了有效维持5S项目，必须对所有的绩效做出评估，而且高级管理层必须认真参与。

8.4 第三种工具：SMED/快速换模

快速换模是消除过量生产及库存的有效方法。过量生产的主要原因是规模经济，也就是说由于多生产一件产品，机构的固定成本就可以分摊到更多的产品中，所以单位产品的成本就更低。快速换模意味着缩短操作时间以实现缩短生产过程花费的时间。第1章中提到的由新乡重夫博士创建的快速换模系统采用了如下三个步骤缩短换模时间：

第一步：分离内外部操作

首先为换模过程中的所有工序绘制流程图，并按照外部或内部的方式对所有工序进行归类：

- **外部操作工序**是那些在机器外完成的步骤（如寻找工具）或是那些在机器运行时同时完成的工序。
- **内部操作工序**是那些需要在机器关闭时才能完成的工序，通常是指在机器内部完成的步骤。

第二步：在可能的情况下把内部操作转化为外部操作

为了把内部操作转化为外部操作，需要重新审视那些被归位于内部操作的工序，并通过头脑风暴的方式寻找转换为外部操作的方法。例如注射成型模具加热工序目前是在机器内部完成的，我们是否可以于装配前在机器外部事先预热该模具，使这个步骤成为外部操作呢？

第三步：简化操作过程的各个方面

这是三个步骤中最为复杂的一步。简化要求更多的创造力与分析能力。首先简化内部操作过程。这个步骤包括详细分析内部操作过程，采用头脑风暴的方法为所有的工序缩短时间（或消除该工序）。在新乡重夫及其他人一起编著的《制造业的革命：快速换模具》（*A Revolution in Manufacturing：The SMED System*）[①] 一书中就这个问题进行了详尽的分析，可以应用于普通的生产流程，尤其是注塑及金属冲压的流程中。

在制定了简化内部操作的计划后，我们开始研究外部操作的简化。可以通过5S及布局改善来简化部分外部操作，也可以建立存放和取出夹具、铸模及冲模的合理系统来简化操作。

快速换模是流程改善的主要工具之一。三步骤的SMED系统可以把换模时间从几小时降至几分钟。快速换模工具能够使组织显著降低库存。

8.5 第四个工具：制造单元及一个流

从20世纪90年代中期起，几乎我所参观的所有公司都有或都宣称有各种形式的制造单元。我见过各式各样的“制造单元”，从真正的连续流单元到把几个相似的机器聚集起来所形成的“制造单

① *A Revolution in Manufacturing：The SMED System*. Shigeo Shingo. Productivity Press，1985.

元”。在很多情况下，管理层都承认没有看到实施制造单元时所预期的改善。本章接下去就要阐述制造单元的常见形式：

- 工艺专业化单元（functional cell）。
- 成组技术（group technology）或混合模式（mixed-model）单元。
- 产品专业化单元（product-focused cell）。

我们将分析这些单元如何（及是否）适应精益生产的环境。

工艺专业化单元

工艺专业化单元是包含相似设备的制造单元。例如，主要从事机械加工的工厂可能会拥有大量的车床，这些车床聚集在一起形成了“车削单元”。再比如包含数套相似的测试设备的单元。这些单元之所以被称为“工艺专业化单元”，是由于它们有某个特殊的功能（与生产完整的产品及装配等相比而言）。

尽管也有例外，但在大多数情况下工艺专业化单元并不适合于精益生产的环境。在一个包含工艺专业化单元的工厂内，为了完成各种工序，产品不得不经常从一个单元运输到另一个单元。工艺专业化单元往往会诱发多种形式的浪费。

1. **库存**。在工艺专业化单元内，设备及工作区前几乎总是堆积着在制品库存。
2. **运输**。产品经常需要从工厂的一个单元运输至另一个单元。
3. **等待**。在产品被加工前，经常需要等待较长时间。
4. **过量生产**。在工艺专业化单元内经常安置着一些大型、昂贵的设备。人们往往关注如何使那些机器保持运行而忽视了快速换模。为了达到规模经济，出现了过量生产的趋势。工艺专业化单元很少顾及其下游客户的需求。
5. **过度加工**。在一个流制造单元内原本可以用小型设备完成的工作，在工艺专业化单元中，往往由大型、昂贵的设备取而代之。

6. **次品**。由于操作员通常只关注工艺专业化单元的工序而没有一个更大的全局观念（即完整的产品），在工艺专业化单元中经常会出现质量问题。工艺专业化单元中经常会出现次品，并且发现次品的时间大为推后。

成组技术或混合模式单元

这是最不为人们所理解的单元类型。许多人都误把成组技术单元当成工艺专业化单元，实际上成组技术单元更接近于产品专业化单元。这也许是现在许多人都把成组技术单元称为“混合模式”单元的原因，这样能显示该制造单元侧重于产品。

在混合模式单元中，几个产品的一系列工序同时发生。这些产品通常是相似的，同时每件产品的工序也非常相似（尽管不是完全相同）。这种类型的制造单元能够很好地适应精益生产环境，尤其是在那些产品种类多而产量少的组织中尤为适用。在这样的组织中，使用产品专业化单元几乎是完全不可能的。

产品专业化单元

在典型的产品专业化单元中会经过一系列工序完成一种类型产品的加工。这种类型的制造单元往往总会与精益生产紧密相连。许多人误认为这是与精益生产环境相符的唯一一种类型的制造单元。可实际上，产品专业化单元仅适用于产品品种少而产量大的环境。

营造一个流制造单元

如前所述，包含相似设备以完成同一工序的工艺专业化单元并不适合于精益生产，而成组技术（或混合模式）及产品专业化单元却可以很好地为精益生产商所使用。对于产品品种众多的组织来说，成组技术单元能够通过一组相似的工序完成所有系列产品的加工，所以使用成组技术单元最为合适。而对于那些产品品种少、产量大的组织来说，产品专业化单元是最佳的选择。无论是使用产品专业化或成组技术单元，对于组织来说最重要的一个因素就是能否营造一个流的制造单元。

在一个流制造单元中，物料从创造价值的一个工序运输到另一个工序，工序间没有任何在制品库存。这并不是说产品必须一次成批运输，在一个流制造单元中的合适位置完全可以使用小批量的方式。营造一个流制造单元时需要对生产工序、客户需求、设备、人力资源及环境布局进行分析与设计。全球工厂中的大部分制造单元并不是一个流的，对于大部分制造单元进行的改变往往仅仅是外部布局的变化，即除了机器摆放位置发生了变化外，其他都保持不变。但是仅仅改变布局是不能够营造真正的一个流制造单元的。

以下便是营造真正的一个流制造单元的主要步骤：

第一步：确定在制造单元中应该包括哪些产品或产品类。随后确定采取哪种形式的制造单元：产品专业化单元或成组技术（混合模式）单元，请记住：

- 为确保产品专业化单元运转正常，单个产品的需求量必须达到足够高的水平。
- 为确保成组技术（混合模式）单元运转正常，产品间的换模时间必须足够短。

第二步：计算制造单元的节拍时间。节拍时间常被误认为是周期时间，它并不是基于生产率得出的。节拍时间是用单位时间表示的客户需求量的一个指标。节拍时间的计算公式为：

节拍时间 = 每次轮班的生产时间/每次轮班的客户需求

假设每 40 秒客户需要 1 单位产品。但是如果每次轮班的客户需求不可预测并且每次轮班需求量相对较低呢？在每次轮班需求不可预测的情况下，我们可以预测总需求量（制造单元对一组产品的总需求），这个数据的可预测性要高得多。节拍时间的调整应该最多不超过每月一次，同时持有制成品库存也有助于应对需求的波动。

第三步：确定一个流制造单元的工作组成及时间。详细列出包含在一个流制造单元中的所有实际工作。对每个工序单独计时数次，取最低的可重复时间。在一个流制造单元中注意不要包含诸如走动及等候时间之类属于浪费的成分。

第四步：明确设备是否能够跟上节拍。使用一张电子数据表来分析包含在制造单元内的所有设备是否能够满足节拍时间要求。

第五步：营造精益的布局。很多情况下在制造单元内的工作人员可能不止一名（这取决于节拍时间），但是我们应该合理布局制造单元使其能被一名操作员管理。这么做能够确保制造单元占用了最少的空间。空间越小就意味着走动、零件搬运及浪费的数量都越小。通常来说U形布局是制造单元最佳的选择。当然假如由于工厂场地限制，其他形式也是可以的。例如我就曾经在一个不可能实施大型U形布局的工厂内建立了S形的制造单元。

在对制造单元布局的时候，设计者必须考虑以下几个方面：

- **向制造单元中的使用点（point of use）有效地发送物料**。物料管理者不应该干扰生产。如果可能的话，物料应该从制造单元的背面运送过来，并放置在接近使用的地方。操作者获取零件时不应该走出制造单元。
- **人体工效学**。在制造单元的环境下工作的操作者在生产时必须感觉舒适安全。我们应该分析制造单元内发生的所有运动以确保操作者不会因为拉伸或重复运动而受到伤害。
- **机器设计**。制造单元内的机器应该能够按照节拍时间生产产品。一般来说，较之大型多功能设备而言，小型廉价的设备更为合适。当然也有例外。例如在一些不适合人员操作的行业中（如半导体制造业），我们通常会选择购买大型多功能设备而不是那些自动化水平低下的设备。

第六步：明确为满足节拍时间需要多少名操作人员。请记住以下等式：

操作者数量＝总工作量/节拍时间

例如：总工作量：49分钟

节拍时间：12分钟

操作者数量＝49/12＝4.08（4名操作人员）

假如得出的操作者数量有余项，我们就需要对流程加以改善以减少工作量，或者也可以把人员调动到供应流程以平衡生产线。例如，我们有一个客户就把装配工序的操作员从装配线调动到了注射成型工序，以降低工作量、平衡生产线。

第七步：明确操作员之间的工作分配。工作分配有几种方法：

- 在操作员间平均分派工作。
- 每位操作员都按照物料流的方向完成所有工序。
- 每位操作员都按照与物料流相反的方向完成所有工序。
- 每个工序安排一名操作员。
- 混合使用以上方法。

结论

在完成上述七个步骤后，绘制团队就会收集到足够的数据以开始绘制一个流制造单元并对其布局。实施一个流制造单元最后的步骤包括对制造单元进行测试及调试以确保按照所设计的方案运行。如果在改善活动中实施了一个流制造单元，我们就可以预期在改善活动结束后的一个月内，一个流制造单元应该可以按照设计方案正常运行。

在供应商处设计及实施制造单元需要巨大的创造力。尽管上述七个步骤适用于任何生产流程，但在缺乏团队创造力的情况下，这些步骤还是不能够很好地得以应用。

8.6 第五种工具：全员生产维护

全员生产维护（TPM）可以用来提高机器正常工作时间。通过确保机器在任何时候都得到了恰当的维护，组织可以消除库存，保持生产的连贯性。

TPM 旨在消除所谓的“六大损失”：

1. 故障损失。

2. 安装及调试损失。
3. 闲置及短时停工损失。
4. 速度损失。
5. 质量缺陷及返工。
6. 启动/产量损失（机器启动与稳定生产之间减少的产量）。

设备综合效率（overall equipment effectiveness，OEE）是就六大损失衡量设备运转状况的主要指标。OEE 从可用率（availability）、性能（performance）及产品质量（product quality）三个方面衡量了设备的效率。设备的可用率衡量了在需要的时候设备正常运转时间的比例。

OEE 按照如下的方式计算设备的可用率：

可用率 = 操作时间/负荷时间 ×100%

其中：

操作时间 = 负荷时间 - 停工时间

负荷时间（loading time）：每日或每月可用的运转时间减去计划停工时间（如生产调度中安排的休息、计划维护造成的停工及召开会议等）

停工时间：所有未计划的意外停工总时间（如机器故障、机器重新装备及调整等）

设备性能取决于以下两个因素：

1. 运转速度，这反映了与设计/理想速度相比，机器目前的运转速度状况。
2. 净运转时间，这是设备在规定的期间以稳定速度运转的时间。

设备性能按照如下方式计算：

性能 = 净运转时间 × 运转速度

其中：

净运转时间 =（产出单位 × 实际每单位的生产周期时间）/（负荷时间 - 停工时间）×100%

运转速度＝单位产品理想生产周期/实际生产周期×100%

合格率是优质产品的比率或100% －次品率。

最后我们来计算OEE：

OEE＝设备可用率×性能×合格率

在对每台设备分别计算了上述指标后，设备改善项目团队就可以明确哪种损失对设备效率影响最大，并据此来相应优化安排改善活动。在后面章节将描述各种形式的改善活动。

TPM——自主维护程序

TPM作为一个自主维护程序能够使设备稳定运行并及时阻止设备较大故障的产生。TPM要求操作人员负责设备的清扫检查，完成添加润滑油、精度检查及其他小型维护任务。通过执行这些任务，操作员能够更多地了解设备并具备及早发现问题的能力。为实施这样的自主维护程序，需要一步步系统地培训操作人员。

TPM——计划的维护系统

由维护部门展开计划的维护改善。维护部门将管理自主维护程序之外所有的计划维护任务。完成这些任务需要一些特殊技巧、高超的拆卸能力、特殊的测量技术及工具等。随着设备操作员提高了他们的操作技能，维护团队的计划内维护活动将逐渐减少，他们将把注意力逐渐转到减少设备维护的设计改善上。

TPM——维修预防设计及早期设备管理

维修预防（maintenance prevention）设计包括找到现用设备的缺陷，并把此缺陷信息反馈给设备设计工程师。同可生产性设计一样，维修预防设计需要考虑如下因素：

1. 方便自主维护（操作人员维护）。
2. 方便操作。
3. 改善质量。

4. 提高可维护性。

5. 安全。

安全措施设计也可以应用于为购买设备制定选择标准上。

早期设备管理是处理在测试运转、试车及新设备启动期间出现的问题。在这个阶段，生产及维护设计人员必须对那些由于设计阶段错误选择材料、设备制造过程出现错误或设置错误等问题予以纠正解决。在理想环境下，早期设备管理不应该太过复杂（尤其是在设计阶段合理实施了安全措施设计后）。

TPM 的所有要素都构成了精益生产坚实基础的一部分。更为重要的是，通过 TPM 可以提高设备综合效率（OEE）。如果设备综合效率低下，则很难成功地实施精益生产。

8.7 第六种工具：六西格玛与统计方法

通用电气、摩托罗拉公司的成功使得许多公司管理者都宣称他或她希望实施“六西格玛”。一些公司把六西格玛视为其改变企业文化的主要项目，并把精益工具视为六西格玛工具之一。还有些公司把精益生产作为其主要项目，而把六西格玛工具作为一种辅助手段。在本书中我们认为精益生产是主要项目，并在合适的地方使用六西格玛工具。我们没有必要建立一个独立的六西格玛项目，但是需要使用六西格玛中的许多工具以实现流程改善。让我们一起来看看六西格玛及其工具。

六西格玛关注降低流程变动性。六西格玛的目标就是达到六西格玛的质量水平，即次品率为每百万分之 3.4。为了达到这一目标，我们根据节省成本的潜力寻找项目并为之排序。随后项目团队通过使用 DMAIC 方法——定义、测量、分析、改善及控制——解决这些问题。第 9 章将就每个阶段及工具进行分析。同时，第 9 章还将对解决问题团队展开详细分析，因为这些工具并不能很好地适用于改善活动。

8.8 本章关键点小结

实施未来价值流的过程需要使用流程改善工具。下面简述本章涉及的一些工具：

- **标准化生产**。生产及物流（包括装配流程、其他生产流程、物料运送及库存管理中所有具备可重复性的工序）都应该实施标准化生产。不论产品是否属于标准化产品，精益生产的成功实施取决于标准化操作。
- 5S。5S 系统可以组织工作场所并使之标准化。5S 系统通常是工厂实施精益的第一步，是精益实施初期使全体员工参与其中的最有效的方法之一。5S 分别代表整理、整顿、清扫、清洁及素养。
- **一个流/制造单元**。在一个流的生产方式下，产品按照一个流或小批量方式在工序间移动，工序间不存在在制品库存。通常在制造单元内实施一个流制造。
- **全员生产维护**（TPM）。TPM 是改善设备综合效率的系统，是设备正常工作时间的一个指标。TPM 要求操作人员、工程师和维护人员以团队的形式共同工作，以确保维护的连贯性并消除所谓的“六大损失”。
- **快速换模/SMED**。由新乡重夫创建的快速换模系统通过三个步骤降低换模时间，使生产商可以以较小的批量进行生产。
- **六西格玛和统计方法**。为了降低流程的变动性，有时候需要使用六西格玛中的许多工具。

改善活动是指跨部门团队参与、为期 3~5 天、由内部或外部的协调员协调开展的突破活动。上述所有工具（除了六西格玛方法外）都可以用于改善活动中。通过使用流程改善工具，团队可以在短期内制定并实现特定目标。

8.9 应用于您的组织中

请回答以下问题：

1. 就您对关键供应商的了解，您认为哪家供应商通过实施5S系统获益最多？

2. 哪家供应商的流程需要较长的换模时间？假如您帮助该供应商降低了换模时间，您与您的供应商能够得到哪些利益？

3. 哪家供应商拥有专为您的组织产品设置的流程？是否能在该流程上实施一个流制造单元？

第9章

推动供应商与客户间的关系改善

9.1 开展改善活动的好处

在对流程改善工具有了清楚的了解后（详见第8章），下面我们来看看应该如何开展改善活动，这是快速改善供应商与客户关系最为有效的方法之一。改善活动是指跨部门团队参与、为期3~5天、由内部或外部协调员协调开展的突破活动。无论是新实施的改善还是持续改善，改善活动都适用。通过改善活动可以实施一些精益工具，其中包括：

- 5S工作场所。
- 可视化控制。
- 防错设计（poka-yoke）。
- 快速换模。
- 全员生产维护。
- 一个流制造单元/布局。
- 物料运送/路线安排。

改善活动中通常包含以下9个要素：

1. 管理层启动。
2. 培训。着重培训精益团队使用特定的工具。
3. 设定目标。
4. 绘制当前状况。
5. 头脑风暴。

6. 规划未来状态。
7. 为实现未来状态制定计划。
8. 在改善活动中，尽量将计划付诸实施。
9. 汇报结果。

本章将详细讨论这9个要素。

通过合理规划，改善活动会获得相当高的投资回报率（ROI）。可以在短期内实施快速、突破性的改善。改善活动可以消除以下几个问题：

- 瓶颈。
- 加班。
- 需要购买固定设备。
- 需要构建新厂房或扩建厂房。

改善活动还会带来以下无形利益：

- **提高员工能力**。参与者的精益知识及团队技能将得到提高，并在改善活动结束后，支持对其工作环境的持续改善。
- **提高员工士气**。改善活动参与者会把参与活动的兴奋之情带给大家。
- **更多的员工参与**。改善活动是使精益组织的所有员工都参与进来的最好方式之一。
- **改善活动**。对参与者来说，改善活动能给参与者带来许多新的启发。

最后，改善活动相当灵活。几乎可以在任何地方、任何流程中实施改善活动，而不仅限于工厂车间。由于应用广泛，改善活动能够有效地改善供应商及客户的流程，同时教会他们精益生产方式。

9.2 规划改善活动

规划一次改善活动包括如下步骤：

第一步：选择区域。

第二步：选择团队成员。

第三步：选择团队领袖及协调员。

第四步：选定区域的准备。

第五步：获取足够的背景信息。

第六步：制定活动日程安排。

下面我们来仔细看一看每个步骤。

规划第一步：选择区域

在为供应商选择第一个实施改善的环节时，需遵循以下指导方法：

使用价值流图。正如第 7 章中所说的，价值流图是寻找改善机会的最主要工具。我们通过改善活动来利用在未来价值流图中发现的改善机会。

选择人们都能看到且影响巨大的区域。第一次进行改善活动时，最好选择那些有巨大影响的区域。这么做能够让供应商看到改善活动及精益生产的好处，有助于提升开展未来改善活动的动力。

选择能确保成功的区域。尤其是在为供应商实施改善活动时，更要确保第一次改善活动的成功。第一次的失败将成为未来实施改善活动的主要绊脚石。假如第一次改善活动进行得非常成功，就能为供应商继续开展精益生产提供充足的动力。

不要选择那些带有政治色彩的问题。同美国国内的政治问题一样，那些问题最终往往陷入僵局。带有政治色彩的问题不可能通过一个礼拜的时间得以解决。

选择存在大量在制品库存的区域。如果能够减少大量库存的话，将对现金流产生巨大影响。因此，存在大量在制品库存的区域是开始改善活动的理想位置。

规划第二步：选择团队成员

成功开展改善活动最重要的因素之一是挑选改善活动团队成员。

在为改善活动挑选团队成员时需要与供应商紧密合作，需要遵循以下指导方法：

- **50%或更多的团队成员应该来自被改善区域的外部**。外部人员会有不同视角：旁观者清。
- **挑选7~10名团队成员**。一般来说，要避免改善团队过于庞大。与过大或较大的团队相比，限制团队规模、选择较小团队是最优的选择。
- **至少从改善区域中挑选两名操作员**。从改善区域挑选两名或两名以上人员非常重要，这是因为：
  —首先，他们拥有该区域的工作经验。
  —其次，如果没有区域自身人员参与，以后将难以维持改善活动。
- **可以选择供应商成为团队成员**。供应商往往能对组织内部人员无法察觉的问题提出新的观点。
- **可以选择组织中具有精益专长的人员**。除了具备精益知识的协调人员外，另外选择具有精益专长的人员。

规划第三步：选择团队领袖及协调员

团队领袖负责组织改善活动并领导整个团队成员。他应该是供应商的关键人员之一，同时还需具备精益生产经验及领导能力。

成功的团队领袖应该具备如下特质：

- **之前拥有成功的领导经历**。尤其是对于第一次改善活动而言，只有强有力的领导技能才能确保团队顺利开展活动。
- **对精益生产及其工具至少有大致了解**。团队领袖并不一定是精益方面的专家，但必须对所有的工具有所了解。
- **熟悉改善活动区域的所有工序**。
- **能够高度适应工厂环境**。改善活动是一种实践活动形式。团队领袖必须能够适应工厂的工作环境。
- **有成为改善活动协调员的潜能**。

协调员将负责整个改善活动期间的培训及协调实施。具有丰富经验的组织外部人员应该协调最初的几次改善活动。协调人员可以是外部咨询师，也可以是来自于客户或供应商的内部专家。从其他组织选择一名具有成功协调改善活动经验的协调员是非常重要的。

请始终记住，此次改善活动同时也是为了培训未来的协调员和团队领袖，因此在挑选团队成员时应有所选择。

规划第四步：选定区域的准备

尽管改善活动依赖于其自身的细节，但准备一些工具还是有必要的：

- 手工工具。
- 胶带。
- 卷尺。
- 多功能连接器。
- 活动挂图、标记牌、白板。
- 秒表。
- 会议室/休息室。
- 清洁用品（cleaning supply）。

规划第五步：获取足够的背景信息

团队领袖负责收集以下所有资料，这些资料在改善活动的第一天就应该分发给所有的团队成员：

- **生产指南及/或标准生产图表**。所有区域工序的相关资料都应该分发给团队成员。这能够避免在改善活动中继续收集信息。
- **客户需求**。精确计算节拍时间。该节拍时间通常是根据预测数据得到的，而不是依据实际订单得出。
- **当前工厂区域布局**。
- **区域工序的流程图**。所有的流程图对改善团队来说都是非常有帮助的。但是在改善活动中，团队需要进一步验证这些信息。

- **产品/操作矩阵**。该矩阵上显示了区域内的所有产品及相互连接的工序。在绘制价值流图前经常会用到这些矩阵，在改善活动中也会用到这些矩阵。

规划第六步：确定改善活动日程安排

改善活动大致按照表9.1所示的日程来安排。但是根据参与者的经验不同及改善活动的主旨差异，可以对日程进行适当调整。在很多时候，改善活动需要开展较长时间，这使得成功的难度加大。这要求确保在改善活动的两次会议间组织能够完成所有的活动。如果能连贯地开展改善活动，就能使活动更为有效。

对于那些较为简单的实施过程并有接受过培训的有经验的团队成员参与，我们可以去除培训过程，并在活动前完成大部分当前状态分析，以把整个活动降至3天。

表9.1　建议的改善活动日程安排

活　动	时　间
管理层启动改善活动	第一天
精益培训，着重于相关工具	第一天至第二天
团队建设	第二天
绘制当前状况	第二天
头脑风暴	第三天
规划未来状态	第三天
实施	第三天至第五天
制定后续行动计划	第五天
团队向管理层汇报结果	第五天

9.3　开展改善活动

在本章开头就曾提到改善活动包含9个要素。下面我们来详细分析这9个要素。

第一个要素：管理层启动/介绍

首先应该由高层经理或主管向改善活动的所有参与者致辞。该管理人员应该分析改善活动的重要性、参与人员的价值及本次改善活动的目标。随后，每位参与者应做自我介绍，并讲述自身的精益及改善经验。也可以采用任何形式的“破冰”活动以使每位成员都参与进来。

第二个要素：培训

培训应该分为三个部分。

培训精益生产的基本知识。首先，改善团队应该接受精益生产基本知识的培训。根据团队成员的相关经验，可以采取进修课程或更为详尽的方式予以培训。不管哪种形式的培训，都应该包括以下专题：

- 七种浪费。
- 计算节拍时间。
- 流程绘制。
- 一个流的基本知识。
- 标准生产图表。
- 价值流图的基本知识。
- 5S 原则。

培训重点工具。其次，应该更详细地向团队进行重点工具的培训，如：

- 5S。
- 一个流单元。
- 快速换模/SMED。
- 看板。
- 防错设计。

- 可视化控制。
- 全员生产维护。

培训团队合作。最后，应对团队进行团队合作方面的培训。我们发现，即使是少量的团队合作培训也能使改善活动更为有效，这一点对于新成立的团队、在团队成员彼此从未合作过的情况下尤为重要。团队合作方面的培训应该包含以下活动：

- 以团队为主题的培训，包括团队的优势及劣势，以及为什么实施成功的精益生产需要团队的协作。
- 把改善团队分成几个小组，为每个小组提供统一意见的训练或其他形式的团队训练。我经常运用的一个非常简单有效的训练就是要求每个人首先列出他认为最重要的五个问题，随后要求小团队就最重要的五个问题达成一致意见。这种训练有助于在开始绘制当前状态图或分析阶段前寻找到关键问题。

请始终在培训阶段保持互动：提问及训练都有助于团队开始以精益方式展开思维。

第三个要素：记录当前状况

在开始真正记录当前状况前，团队应该回想一下本次改善活动的目标。这么做将重新振奋团队成员的精神，使他们更加集中于目标的实现。随后与整个团队一起回顾一下在改善活动准备阶段收集的背景信息（参见规划的第五步）。

在大多数情况下，记录当前状况的第一步就是利用实际生产时间除以客户需求来计算节拍时间。在每位成员都理解了节拍时间后，就要详细绘制每个流程。根据改善活动的类型确定绘制过程中需要包含的内容。下面给出了记录不同类型改善活动的当前状况时需要包含的内容实例。

例1：一个流单元布局改善。在绘制当前状况时需要包含如下步骤：

1. 把工作分解为工作要素。
2. 计算每个工作要素的时间。
3. 使用“意大利面条图”（spaghetti diagram）绘制流程以显示当前工作流。
4. 计算运输距离

例2：5S改善活动。在绘制当前状况时需要包含以下步骤：

1. 绘制一个区域内的所有工序——即使这是区域内的支持工序（文书工作、清扫工作等）。对于5S来说，精确计算时间并不是至关重要的。
2. 绘制5S图，显示每个过程的流程图。

注意：对于5S来说，在绘制当前状况前首先进行“分类”，有时候效果会更好。

例3：快速换模改善活动。在绘制当前状况时需要包含以下步骤：

1. 录制整个换模过程。
2. 记录每个步骤的时间。
3. 将各步骤归类为内部步骤或外部步骤。

第四个要素：其他当前状况数据

改善团队也希望收集其他当前状况的数据，例如：

- 当前人员数量。
- 换模频率。
- 工厂空间使用率。
- 废品率。
- 支持人员。
- 瓶颈。
- 观测到的在制品库存。

第五个要素：头脑风暴

头脑风暴的目的是为了收集到尽可能多的改善方案。在真正开始头脑风暴专题前，首先需要明确一些基本规则，并对改善活动的目标进行回顾。需要告知团队成员的一条最重要的规则就是在头脑风暴专题结束前不应该评价任何方案。在召开头脑风暴时评价方案将不可避免地使一些成员放弃提供方案。

头脑风暴有几种技术。正如在价值流绘制的头脑风暴讨论中提到的那样（详见第3章），引发方案提出最为有效的方法是使用“记事贴”。每位参与者在固定的时间段内（通常为30分钟）在几张记事贴上写下他们能够想到的所有方案（每张记事贴上写一个方案）以改善当前状况，实现改善活动的目标。参与者随后应该把它粘在房间前面的大板上。

当专题结束后，团队为每个方案编号，并把其归为高、中或低等级（表示实施的难易程度）：

- **高**（H）：表明方案实施的难度较高，可以把这个方案作为长期项目对待，但是在接下去的行动计划中不包含这个方案。
- **中**（M）：经过分析和确认，这些方案可以在短期予以实施，但不属于本次改善活动的范围。在接下去的行动计划中将包含这部分方案。
- **低**（L）：这类方案实施起来较为容易。在本次改善活动中将会实施这类方案。

一些方案可能与已评级为H、M或L的方案相互排斥，这样的方案也应该予以注明。当然在评估过程中也可能删除某些方案，删除的方案就不应该再予以归类了。每一个将被实施的方案都应该有一名或一个小组负责其实施过程。对于合适的方案需要进行归类。在评估结束后，每个方案都应该有一个相应的实施计划。在创建实施行动计划时可以参考表9.2所示的模板。

表 9.2　行动计划模板示例

		公司				
		产品				
		团队				
		日期				
编号	想法	区域	等级（L、M、H）	分类	负责人	备注

第六个要素：规划未来状态

行动计划是实现未来状态的基础。在规划未来状态时还需要完成以下任务：

- **开发新的标准生产图表/文件/清单**。在改善活动中需要开发标准生产图表，并且由于在改善活动后第一个月就会实施改善，所以需要及时更新生产图表。这一点相当重要。
- **绘制新的流程图**。应该在改善活动中绘制新的流程图，在该新流程图上能够反映对老流程所做的改善，这将有助于实施。
- **按比例绘制新布局图**。按照设备的实际尺寸，在图纸上按比例绘制当前布局图及新布局图。这是设定新布局最简单有效的方法。
- **（如有必要）寻找其他采购供应商**。在几乎所有的改善活动中，都会发现一些由于交付期过长无法及时采购并实施改善活动的产品。在这种情况下就需要寻找新供应商。

第七个要素：实施

假如不能很好地予以实施，改善活动就不会很有效果。我们的目标是在改善活动中尽可能将计划付诸实施。实施过程包含以下关键步骤：

- 实施新的设备布局，如果可能的话，在夜间停工期搬运设备。
- 记录在未来计划及标准生产图表制定过程中发生的变动。
- 对所有操作人员进行新流程的培训。

对于改善活动而言，实施是一个具体的过程：

- 以5S改善活动为例，其实施过程包括整理、整顿、清扫、清洁和素养，同时在改善活动结束后还需要实施许多“标准化”的“维持”任务。
- 再以快速换模改善活动为例，其实施过程通常包括采用新换模流程的标准生产图表、修改工具及设备以及对操作员进行培训。

第八个要素：行动计划

第五天，团队应该明确还有哪些任务未完成、谁将负责完成这些任务以及完成的期限，通过以上步骤更新实施计划。在改善活动结束后，团队至少应该每周召开一次会议以确保行动计划的完成。这是成功实施的最后一个关键要素。团队需要了解只有到后续工作全部完成后，改善活动才真正称得上是结束了。

如果不能跟踪实施情况，改善活动就不可能真正获得成功。在供应商改善活动中，客户参与精益实施以支持其供应商完成计划的后续工作是相当重要的。

第九个要素：汇报结果与庆祝

协调员随后应该与整个团队一起制定最后的总结报告。这份报告不应该仅仅是简单的幻灯片。报告的主要部分应该在车间内（或实施改善活动的现场）进行。团队中的一些成员（尽管不是全部成员）必须到场。高级管理层必须确保至少有一人出席汇报会，同时应该以提问解答的方式结束整个汇报过程。在汇报结束后，团队可以就一周以来通过改善活动所取得的成绩一起庆祝一番。

在分析完改善活动流程的9个要素后，现在我们一起来看看EVS是如何对其一家供应商实施改善活动的。

案例研究

如何在San Simeon装配厂实施改善活动

让我们一起来看一个规划实施改善活动的例子。在San Simeon装配厂未来价值流图（详见第7章）中，我们找到了一个改善机会，即把所有原先在相互分离区域实施的装配、总装及测试工序全部包容在一个流制造单元内。EVS公司与San Simeon装配厂都觉得这是首先实施改善活动的最佳项目，也是未来价值流图的关键部分，同时对缩短交付期、降低库存水平而言，又有着巨大的影响力。为完成这个主要任务，EVS将与San Simeon装配厂共同规划执行改善活动。

为改善活动做前期准备

选择改善活动团队。EVS与San Simeon装配厂一起选定了包含以下人员的小型团队：

- EVS精益协调者（协调人员）。
- San Simeon装配厂工业工程师（团队领袖）。
- 分别来自于局部装配、总装及测试工序的三名操作人员。
- San Simeon装配厂测试及装配主管。
- 其他生产流程的操作员。
- 维护经理。
- EVS工业工程师。

收集数据。在改善活动开展前，团队领袖收集了以下数据：

- 局部装配、总装及测试工序的工作指南。
- 当前每个区域的详细布局。
- EVS当前需求/需求预测。
- 显示每种产品及其工序的产品/工序矩阵。

准备辅助器材。团队领袖在开展改善活动前，也准备了如下的辅助器材：

- 3个秒表，供团队成员为每个工序计时。
- 有色胶带，用于地板上的

粘贴。
- 各种工具及清扫用品。
- 活动挂图及标记。
- 记事贴，用于头脑风暴专题。

开展改善活动

改善活动开始于周一早上8点。团队领袖首先介绍了San Simeon的总经理以正式启动本次改善活动。总经理对参与本次活动的人表示感谢，然后简要介绍了EVS公司与San Simeon装配厂之间的关系，着重强调了精益生产与改善活动的重要性。同时就改善团队对于组织的成功运行及未来成功实施精益生产的重要性做了进一步阐述。最后，总经理谈论了改善活动的一些主要目标，尤其是可以通过构建一个流制造单元消除几天的在制品库存。

随后，EVS公司的精益协调员要求每位参与者进行自我介绍并讲述自己在公司的经历及主要职责。最后，精益协调员做自我介绍并开始了改善活动的培训环节。

改善活动培训

培训包含以下要素：

1. 介绍精益生产（两个小时）。
   - 精益生产综述/丰田生产方式。
   - 七种浪费。
   - 节拍时间。
   - 5S原则。
   - 价值流图。
2. 营造一个流制造单元。
   - 介绍一个流制造单元。
   - 为制造单元选取产品/产品大类。
   - 为每个工序计时并分析。
   - 平衡生产线。
   - 设计制造单元。
   - 生产调度。
   - 物料运送。
3. 团队建设培训。
   - 团队的优势及劣势。
   - 对于成功的精益生产而言，为什么说团队是重要的。

寻找问题区域

在结束了培训过程后，协调员把改善团队分成了三个小组。协调员要求小组中的每个成员在一张纸上列出区域内五个最重要的问题。10分钟后，协调员要求小组一起作为一个小团队为五大主要问题排序。15分钟后，协调员要求每个小组就其对五大问题的排序进行阐述，并说明大家是如何达成一致意见的（通过民主一致表决等方式）。最后整个改善团队一起为关键问题排序。本次训练不仅能够为改善团队提供一次共同决策训练的机会，同时还能使改善团队认识到区域中最为严重的问题。在稍后的当前状况分析中会用到这张清单。

改善团队找到的最重要的五个问题具体如下：

1. **不能保持一致性**。不同的操作员往往使用不同的操作方法。
2. **沟通交流存在障碍**。缺乏生产区域（局部装配及装配）之间以及规划区域与生产区域之间的沟通交流。
3. **物料运送问题**。通常由操作员自行拿取零件组装，这使得生产效率降低。
4. **加急生产**。在区域内有很多需要加急生产的订单。
5. **工具**。操作人员经常需要浪费时间寻找工具。

分析当前状况

改善活动的下一个步骤就是分析当前状况。同样按照培训时的方法，把改善团队分为三个小组，这三个小组分别关注局部装配流程、总装流程以及测试流程。三个小组把三个流程中的工作分解为各个工序，为每个工序计时并绘制意大利面条图。当所有小组都完成任务后，每个小组在会议室就取得的结果进行汇报并告诉整个团队在该过程中的发现。这是当前状况分析的最后一步工作。

头脑风暴

接着协调员发给每位团队成员一些记事贴，要求他们在每张记事贴上写上一条改善建议，并把该记事贴粘在房间前面的大板上。在30分钟的头脑风暴专题中，团队成员可以参观工厂及所有的操作工序，参考当前状态的数据及其他人粘贴的方案。所有的团队成员在此刻都不允许评价任何方案。30分钟后，协调员读出每条方案，然后团队开始对各个方案进行探讨及评价。所有的方案都被归为三类：

- 单元设计。
- 物料管理。
- 夹具/特殊设备/维护。

同样，如本章前面谈到的那样，对所有予以接受的方案按照高（H）、中（M）、低（L）的等级评级，表示实施的难易程度。在对所有方案详细探讨、归类及评级后，三个小组分别被安排以下三种类型的任务：

1. 单元设计小组的任务是设计实施单元并创建标准生产图表。
2. 物料管理团队的任务是设计物料运输至单元的系统，并设计标准生产图表。
3. 夹具/特殊设备/维护团队的工

作是设计和/或采购所有必要的夹具、工具及辅助用品等。

规划未来状态

到了周三，所有小组都已经完成了规划未来状态的任务，具体情况如下：

- 包括单元及物料运送点在内的布局。
- 单元内每位操作员的标准生产图表及向单位运送物料的标准生产图表。
- 夹具、工具及辅料都已经准备妥当。

周三晚上，维护小组按照布局搬移了设备。到了周四中午，改善团队在厂房内测试实施结果，他们对每张标准生产图表都进行了测试及重新计时。在周四下班时，制造单元已经能够完成计划的80%，这是一个不错的成绩。团队接着共同制定了后续计划，明确了在接下去的30～60天内需要完成的所有活动。

就整个改善过程及后续任务进行工作汇报

最后一步是工作汇报。周五早上，改善团队进行了工厂实地展示与幻灯片结合的工作汇报。每位团队成员都参与了整个汇报过程。San Simeon装配厂总经理、EVS公司的运营副总裁以及San Simeon装配厂许多一线管理人员都出席了这次汇报会议。在解答了所有问题后，汇报工作圆满结束。改善团队中午一起庆祝本次成功的改善。

在改善活动结束后，在完成后续列表中的所有工作之前，改善团队每两周召开一次工作会议。这样的会议持续了8周。

9.4 其他（非改善活动）改善实施技巧

本章的前半部分探讨了如何开展改善活动。除此之外，对于其他某些类型的改善来说，使用其他方法，而不是改善活动的方法，其实施效果可能更好。在这里我们主要分析两种不同的方法：以团队或个人的形式实现问题解决或持续改善。

第一种方法：解决问题/持续改善团队及 DMAIC 系统

在价值流图中寻找到的某些改善机会可能并不适用于流程改善活动。这里有两个主要例子：（1）以提高产品合格率为目的的流程改善（如六西格玛类的分析）；（2）减少变动性/废品。比如通过绘制价值流图，我们可能会发现某个流程的首次合格率只有 85%。如果要实施一个流的话，该数据需要接近 100%。如果一定要对该流程使用统计实验的方法予以分析的话，通常我们应该使用一个团队，而不是改善活动的方法。对于这种类型的改善而言，使用在一定时间内定期召开会议的团队要比持续五天连续工作的改善团队效果更好。

有些改善应该交由个人而不是一个团队来完成。那什么时候应该使用团队而不仅仅是个人呢？有效的团队与所有单个个体的总和相比，能完成的任务更多。如果一个项目需要团队巨大的投入及一批人的全情投入，那么最好还是使用团队来进行改善。相反，假如一个人就可以有效完成该项目（尽管可能还需要其他人员的协助），使用团队就变得毫无必要且浪费时间。

这里的团队组成与改善团队相似。如果问题是出现在某个生产区域，则在团队中包含该区域的两名或更多的操作员。团队成员至少 50% 来自该区域的外部。实际上在很多时候，只需把一周的会议分散到数周或数月，改善团队本身就可以是一个解决问题团队。

解决问题团队的领袖应该具备与改善团队领袖同样的素质，而且更重要的是，他或她应该具备领导技能及经验。团队领袖所扮演的角色是领导整个团队活动、与团队成员一起解决问题、制定决策，以及提供技术指导与培训。如果公司以前实施过六西格玛项目，那么问题解决团队领袖的最佳人选就是六西格玛项目中的“黑带”人员。

使团队中的每个成员定期开会是问题解决小组面临的最大挑战之一。团队成员定期见面（通常每周一次）是非常重要的，同时还需要保证在所有人员都到场的情况下会议准时召开。确保团队成员准时参加会议的最好方法之一就是把每位成员在问题解决团队中的表现纳入其总体表现评估中。这就需要团队领袖向每位成员的上级经理提供相应的信息。

另一种鼓励团队成员参加会议的方法就是召开简短的会议，每次会议的持续时间不超过1小时。实际上，如果团队领袖能够很好地准备会议日程并拥有出色的协调能力，平均每次会议的时间就能控制在30~45分钟之内。会议经常延时的原因是我们总是花费过多的时间用于探讨一个特定问题。在这种情况下，就需要团队领袖显示他或她的领导及协调才能。

为了获得成功，问题解决团队必须拥有一种系统的方法来解决问题。我看到过太多团队每次只是简单地开会讨论，而不使用任何系统方法。这种缺乏系统的方法通常会导致会议跑题，很多时候甚至无法找到或实施一个解决方案。

问题解决团队可以使用的最有效的系统之一便是六西格玛的DMAIC（定义、测量、分析、改善及控制）系统。如果团队能够使用这套方法，那么成功的概率就会加大。当然不一定非要有"黑带"资格的专家来领导团队，任何拥有技术专长或领导能力的人都可以使用DMAIC方法。

下面我们来详细探讨DMAIC方法。

第一阶段：定义（define）。通过确定关键质量指标（critical-to-quality，CTQ），通过客户以及通过确认影响质量关键指标的主要因素来发现问题。

第二阶段：测量。测量阶段包括两个主要步骤：

第一步：寻找影响关键质量特性指标的内部流程。

第二步：进行指标系统分析，其中包括标准指标研究以及对工序能力的详细研究。

第三阶段：分析。在分析阶段，项目团队需要明确哪些投入要素影响了产出。通常按照如下三个步骤完成分析工作：

第一步：提出影响原因的假设。

第二步：通过数据分析验证假设。

第三步：如果假设是正确的，把该原因添加到影响流程的主要原因列表中。

第四阶段：改善。该阶段要求量化流程中主要变量的影响，为达到理想的流程改善，制定实施计划以修正主要因素。

第五阶段：控制。在控制阶段，需要建立一个系统以维持在改善阶段做出的修正及改进。这个阶段包括记录及监控两个步骤。

团队流程改善工具

团队可以通过 DMAIC 使用一些统计方法以及定性工具来改善流程。下面简要介绍了一些主要工具。这些工具及其他一些这里没有提到的工具都可以为解决问题团队或持续改善团队所使用。在任何一本综合统计学参考书上都会详细介绍所有的工具。同样，对于这种类型的团队而言，头脑风暴的方法（详见第 3 章）也是有效的。

流程图。流程改善的第一步就是绘制出需要改善的流程，这将有助于团队了解基线流程（baseline process）的详细信息。流程图是一种简单有效的方法。流程图中的每个框都代表了一道工序，流程框内通常包含了如下数据：

- 完成该工序的时间。
- 该工序的投入及产出。
- 给工序涉及的人员职能。
- 部门。
- 其他相关数据。

流程图中用到的其他图形分别是决策点（decision point）和终点（end point）。一些标准软件程序如 Microsoft Visio 有绘制流程图的模板。对于生产流程及管理流程来说，流程图也适用。

基本统计。基本统计可以分析一组数据集中或离散的趋势。对于一组给定的流程数据而言，基本统计包含以下内容：

- **均值**（mean）。有时候也称之为算术平均数，通过计算数值总和除以数值个数得到均值。

- **中位数**（median）。一系列数据的中点。
- **众数**（Mode）。在一组数据中出现次数最多的那个值。
- **极差**（range）。这是衡量数据分散程度的一个指标。极差等于一组数据中最大的数值减去最小的数值。
- **方差**（variance）。实际值与平均值之差的平方的平均值。
- **标准差**（standard deviation）。标准差是最常用的衡量离散程度的指标，表示与平均数之间的平均距离。标准差等于方差的平方根。
- **相关性**（correlation）。相关性是指两个变量的相关程度，用相关系数来衡量。

基本图形分析。具体包含以下图形：

- **直方图**。直方图使用柱状曲线图的形式来表示一组数据的离散程度。同时直方图也是一种频率分布条形图。从图上可以反映数据的集中与离散趋势。
- **散点图**。在散点图中每个数据点都绘制在二维空间内。散点图可以反映出数据的相关性。

因果图（鱼骨图）。因果图或鱼骨图是用来寻找问题与潜在原因之间关系的图形工具。对潜在原因展开头脑风暴专题是构建因果图最有效的方法之一。例如，我们可以使用因果图寻找生产流程中重复出现次品的原因。

XY 矩阵。XY 矩阵可以把客户需求与流程的输入联系起来。沿着 X 轴及 Y 轴的正向坐标绘制矩阵。Y 轴表示客户需求，X 轴表示设计或流程投入。在矩阵内，用标记分别表示两者之间的关系是强、中等、弱或不存在。XY 矩阵有时又被称为品质屋（house of quality）。

量检具双性分析（再现性与再生性）。量检具双性分析确保了使用正确的量检具进行测量。通过观察测量单位的多次测量值来校准量检具，随后由不同操作员随机选择样本进行测量。量检具双性分析可以用来确保使用的测量方法是确实有效的。

帕累托图。在寻找流程中作用最大的关键因素时，帕累托图是最有效、最常用的工具之一。帕累托图用图的形式显示了一个流程中问题、故障及其他重要性之间的相关程度。例如在以下情况下可以使用帕累托图：

- 寻找最常发生的故障。
- 为某个经常发生的故障寻找主要原因。
- 寻找产品成本中占比例最大的因素。

在问题解决的最初阶段通常使用帕累托图，以使团队找到并集中精力解决造成问题的最大因素。

假设检验。使用假设检验来确定特定问题或故障发生的原因。检验过程包含以下 4 个步骤：

第一步：明确问题。

第二步：数据假设检验。

第三步：确定统计的显著性水平。

第四步：确定故障发生的概率是由随机原因造成的，还是由流程中某个隐藏的原因造成的。

例如，假设检验可以用来确认某名操作员是否是流程产生次品的统计上显著的原因。

多变量分析。利用多变量分析，可以将流程中可能造成变动性的因素归结为几个互相关联的类别。多变量图展示了对三种主要变动性来源的分析：

- 样本内部（即在一个批量里面）。
- 跨样本（即在不同的生产批量之间）。
- 跨期（即时间关联）。

失效模式与影响分析（FMEA）。FMEA（failure mode and effects analysis）是一种原则性方法，用来确定潜在的失效、失效的影响以及出现的概率，然后系统性地实施计划来预防问题再次出现。有两类 FMEA：产品或设计 FMEA（DFMEA）和工艺 FMEA（PFMEA）。

DFMEA是在产品开发过程中进行的，揭示产品的失效。PFMEA揭示工艺的失效。例如，DFMEA可以用于确定在汽车设计过程中刹车系统可能的失效和风险。DFMEA可以促使设计的改变或者实施控制计划预防失效再次出现。

实验设计（design of experiment，DOE）。这个强大的工具通过同时设计多因素和多变量的实验，系统地识别和量化两种或更多种因素对流程结果的影响。例如，DOE可以用于对复杂系统的测试中失败的情况，多个可能的因素可能导致测试的失败。使用DOE可以减少测试次数，否则需要对不同因素分开进行测试。

控制图（control chart）。控制图是统计过程控制（statistical process control，SPC）的基础工具。它可以确定一个流程的运作是否一致（即在控制之中），或者是否有一个特殊的原因改变了流程的均值和方差。控制图一般用于在重复制造流程中检查一个流程是否处在控制之中。例如，一个数控加工中心可以重复制造一个特定零件。随着时间的推移，我们可以测量并画出这一零件的尺寸，以确定该流程是否在控制之中。如果失控，流程将被停止，并立即采取行动来发现和纠正出现的问题。

第二种方法：个人实施项目

一些公司在几乎所有项目上都使用团队。尽管团队是一种不错的解决方式，但是这么做会造成浪费。公司交给团队的许多问题，个人都可以在更短的时间内同样有效地完成。只有在使用团队方法更好的情况下才选择团队。例如，一些复杂的问题需要大量的创造力及跨部门的知识，这时候使用团队的方式就是非常理想的。但是仅仅因为某个问题需要多人的投入并不能说明该问题应该成为一个团队项目。可以由有经验的团队领袖来确定某个问题应该由个人还是团队予以解决。一个比较好的方法就是由问题解决团队的领袖来根据具体情况做出判断。同样，由于价值流绘制团队也参与了未来实施计划的制定，该决策还可以交由该团队来完成。

假如某个项目应该由个人来完成，则负责完成该项目的个人应该拥有完成这个项目所必备的技术知识及问题解决技巧。这并不是说他或她必须是工程师。其实在精益生产的环境下，组织中所有层次的人员都应该能够解决问题。在一个真正精益的组织中，许多在工厂内发现的问题就应该交由工厂人员解决。当然也有些问题需要更高的解决问题水平。我们一起来看 EVS 的案例，了解一下 EVS 如何利用问题解决团队来提高其一家供应商的产品合格率。

案例研究

EVS 公司问题解决团队

San Simeon 装配厂价值流图中有一个项目是通过问题解决团队改善测试设备的首次合格率（参见第 7 章）。由于要用到实验及统计工具，所以公司使用问题解决团队来完成这个项目。EVS 公司曾经组建过问题解决团队，所以这次 EVS 决定派遣一名有经验的工业工程师到 San Simeon 装配厂来协助组建问题解决团队并负责过程的临时协调工作。

选择团队成员

问题解决团队由以下人员构成：

- San Simeon 装配厂工业工程师（团队领袖）。
- 两名具备装配及测试经验的操作员。
- San Simeon 装配厂测试及装配主管。
- 一名来自其他生产流程的操作员。
- EVS 公司工业工程师。

绘图寻找问题

团队第一步是通过帕累托图来寻找测试设备故障的主要原因。图 9.1 给出了测试过程中出现故障的四个主要原因：其中两个是电路板存在问题（零件号为 10999 及 11999），另两个是错误装配（零件号为 33333 及 33334）。

确定项目范围

根据帕累托图分析的结果，问题解决团队决定把问题分解为两个项目。存在问题的电路板是由 Electronics 公司供应的。San Simeon 装配厂将派遣一名生产工程师与 Electronics 公司一起解决电路板存在的两个问题。

由于解决电路板故障不属于 San Simeon 装配厂团队的职责与能力范围，所以 Electronics 公司应该组建自己的问题解决团队以寻找原因。错误装配将由问题解决团队负责。

问题解决团队随即决定继续深入研究装配流程以了解为什么会出现装配错误。他们绘制了因果图（鱼骨图）来寻找造成元件错误装配的可能原因。

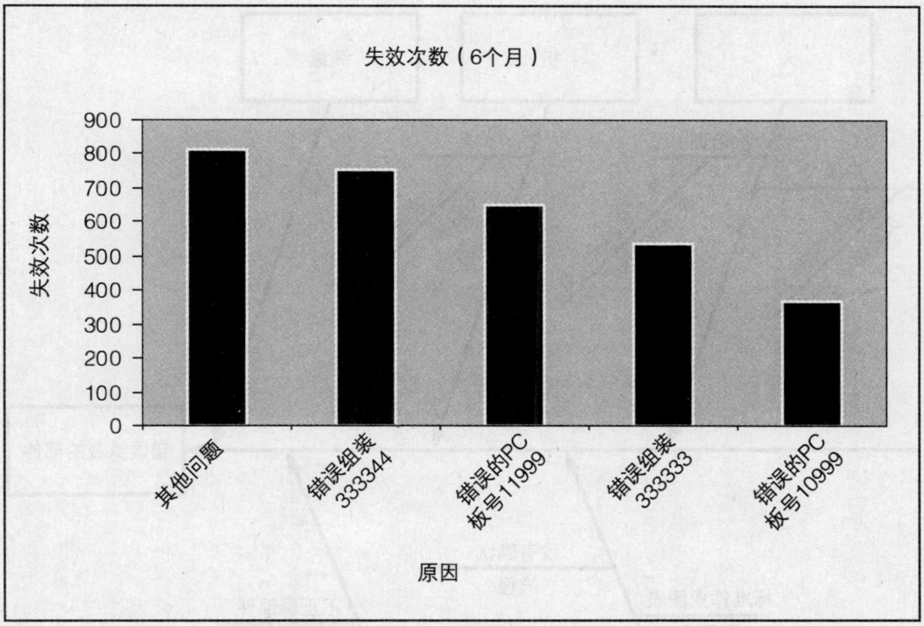

图 9.1　San Simeon 装配厂的帕累托图

对流程进行调查测试

根据图 9.2，问题解决团队首先调查了整个装配流程以确定是否在以下方面存在问题：

- **装配标准生产图表**。确定该图表是否完全正确。
- **制造单元物料运送标准生产图表**。确定该图表是否完全正确。
- **培训水平**。确定每位操作员接受培训的水平（同样也应该确定无经验操作与错误装配间是否存在相关性）。

在完成以上所有方面的检查后，问题解决团队就开始进行测试，以测试检查零件是否被正确装配。在接下去的 30 天内，问题解决团队将对以下内容展开追踪：

- **操作人员**。度量实际经验与错

误之间的相关性。

- **特殊问题**。明确到底是哪里出现装配错误。

在分析了以上测试的结果后，问题解决团队明确了在装配过程中存在两个主要问题，且这两个问题都与操作者缺乏经验及误操作正相关。

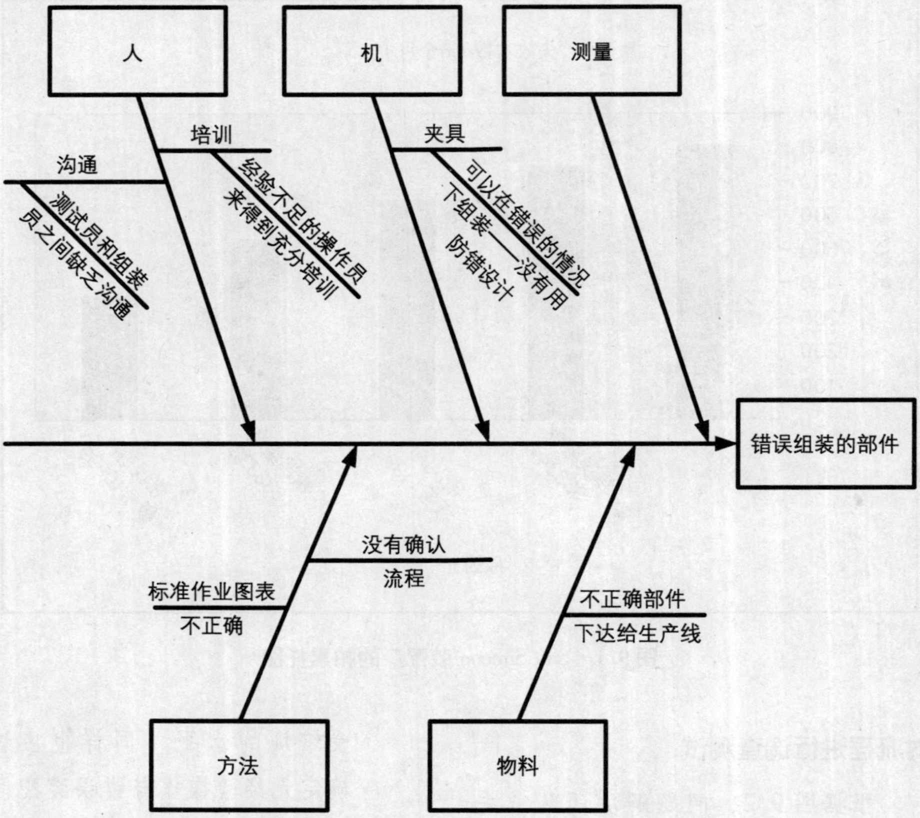

图 9.2　San Simeon 装配厂因果图

解决问题

随后，团队制定了双重解决方案：

1. 问题解决团队改善了原来的装配夹具，以消除可以导致问题的原因。如果装配不正确，夹具就会检测到该错误，并且亮起一盏灯以提醒操作员装配出现了错误。为了实施这个系统，团队需要绘制一张标准生产图表来明确当出现各种类型的错误时，系统如何做出反应。
2. 团队改善了装配标准生产图

表，进一步明确了引起故障的生产工序。

经过 3 个月的实施，零件号为 333333 及 333344 的错误装配率下降到了不到 0.5%。问题解决团队成功地改善了流程。

当组织协助供应商完成改善后，广域精益价值流的实施就算完成了。下一步就是如何维持成功并致力于持续改善。我们将在第三部分着重对此展开讨论。

9.5 本章关键点小结

改善活动是持续 3～5 天、由内部或外部协调员协调展开的跨部门的突破活动。通过使用流程改善工具，团队能够在短时间内设定并实现某个特定目标。

如何开展改善活动

改善活动通常包含以下步骤：

- 管理层启动。
- 培训。着重培训精益团队使用特定工具。
- 团队建设训练。
- 绘制当前状况。
- 头脑风暴。
- 规划未来状态。
- 实施。
- 制定后续行动计划。
- 汇报结果。

有些工具如六西格玛并不适用于快速改善活动，所以我们使用一些其他的替代方式，如建立可以在一定时间内定期召开会议的问题解决团队，或是个体项目，这样对组织来说更为合适。

9.6 应用于您的组织中

请回答以下问题：

1. 您的组织是如何协调供应商改善活动的？您的组织是否拥有必要的技术资源以协助供应商开展改善活动？

2. 您的组织（或您的供应商）在六西格玛工具应用上有哪些经验？您觉得在供应商流程改善中是否会用到这类工具？

第三部分

持续改善精益广域价值流

Part 3

第 10 章

保持成功的技巧

10.1 不能后退：持续改善

本书的第二部分为我们阐述了应该如何实施广域精益价值流。但是仅仅完成实施过程并不意味着组织已经完成了精益制造这个过程。在精益制造或其他改变企业文化的项目中，公司若不能向前进的话，就只能面临后退的局面。一些已经实施了精益工具的公司往往最终还是返回到使用旧方法进行生产。在精益制造的过程中保持成功并持续改善是成功精益制造的关键。对大多数精益组织来说，在内部精益运作中保持成功都是一项艰巨的任务。

毫无疑问，要在横跨多个组织的整条价值链上保持成功的精益制造难度就更大了。幸好我们可以使用一些有效的技术来保持精益制造。把这些技术都应用于一个供应商网络或协会，是在整条供应链上维持精益制造系统最好的方法。

10.2 供应商协会及其功能

对于大部分生产性企业而言，供应商网络或供应商协会这个概念并不陌生。许多大型公司每年（或更频繁）都会召开主要供应商大会以改善供应链。大部分公司还是不会同第 6 章提到的那些供应商展开合作，而大部分供应商与客户之间还是保持着一定的距离。一个希望实施广域精益制造的精益组织必须按照双赢的方式与供应商建立合作关系。供应商协会可以确保供应商不仅实施并维持了精益制造，同时还在持续改善，这一点对于维持精益供应链的竞争优势而言是相当重要的。

供应商协会是一个组织的供应商共享信息与专业技能的网络。正如本书中描述的那样，当组织协助其主要供应商完成精益的实施后，组织还需要继续为供应商提供信息与帮助。我们可以把供应商协会看成是一个像供应链那样的大型组织。我们设想一下如果在组织内部门间不能互相提供信息与协助的话会发生什么情况（不幸的是，这种现象在许多组织中都存在）。要是没有信息共享也不能互相协助，那么在搜寻信息及一些重复的工作上就会浪费大量的时间。如果说这种情况在组织内是不能令人满意的，那么在一条供应链上的组织间同样也不能令人满意。

有效的供应商协会对于确保在长期信息共享以及组织间的互助是非常重要的。供应商协会的目标是使整个网络（及整条供应链）更有效率，更加精益化。有效的供应商协会包括五项主要职责：

1. 高级管理层集体会议。
2. 委员会会议。
3. 质量审查及质量奖项。
4. 咨询/顾问协助。
5. 培训专题研讨会。

大多数读者对前三个主要职责相对更为熟悉，许多供应商开发项目都包含了高层会议、委员会会议及质量审查和奖项。但是供应商协会的后两项职能——咨询及培训则不为人们所熟知，但是它们却非常重要。本章的前半部分将对各种职责进行详细讨论。

第一个职责：高级管理层集体会议

供应商协会的第一个职责就是召集组织高层为信息共享及规划举行会议。许多没有正式供应商协会的组织也会每年召开具有相似功能的供应商会议（这种会议有时候也称为峰会或座谈会）。供应商协会的会议通常每个季度或每月召开一次。

这些会议的目的就是共享以下类型的信息：

讨论短期生产计划。及时沟通短期生产计划可以防止供应商常常遇到的许多问题。一般来说，供应商会面临需求的突然变化，而这可以通过更及时的沟通予以解决。这是共享所有信息的方式之一。在第2章和第3章中我们就曾提到缺乏有效沟通及信息共享是广域价值流/供应链上存在的一种主要浪费形式。

共享长期预测。供应商了解长期生产计划后，能够对未来生产能力做出相应规划并制定改善目标。由于供应商很少能够接触到这些信息，因而导致其出现供应危机的概率大大增加。

对政策改变进行沟通。应该经常召开会议以沟通政策的改变。供应商可以在会议上提出疑问，这比通过单独向每位供应商说明这类政策变化更为有效。

明确季度和/或年度培训目标。尽管不用亲自负责培训，但高级管理层应该明确培训目标。主办组织应该告诉供应商其希望实施的培训类型。这将有助于供应商规划后续跟进的相应培训类型（在本章后面我们会看到主办组织能够帮助提供和/或开发培训资源）。

第二个职责：委员会会议

供应商协会中可以设立专门的委员会，关注诸如质量、精益生产、设计及安全方面的专题。这些委员会可以一起交流相关专题的信息。例如，质量委员会成员可以以项目简介的形式协助那些遇到相同问题的其他委员会成员更好地解决问题。委员会也可以成为整条供应链的问题解决团队或持续改善团队。

以下是委员会的几种不同形式：

精益制造委员会。精益制造委员会负责召开精益方面的专题会或信息交流会，其中包括价值流图、5S、看板系统、改善活动促进、全员生产维护以及单元式制造。

设备维护委员会。设备维护委员会负责交流关于设备维护最佳方法的信息。为达到一个流，设备正常工作时间所占百分比必须相当高，所以拥有一个设备维护团队或 TPM 团队对于供应链的整体财务稳健来说是非常有价值的。

质量/六西格玛委员会。成功的供应商协会必须拥有一个负责供应链整体质量的质量委员会。在买方—供应商关系中，缺乏沟通经常会延误问题解决的时间。通过质量委员会，信息可以得到完全共享，加速问题的解决过程。同样，质量委员会也有助于六西格玛工具的有效使用。

信息技术委员会。尽管精益纯化论者对于高科技常常嗤之以鼻，但设计合理的系统仍然可以对供应链产生积极影响。例如，一个恰当的条形码系统可以协助建立供应商看板系统，电子商务系统能够消除客户订单传递的延误。还有很多类似的例子。信息技术委员会能够向所有协会成员提供与精益供应链领域相关的最前沿的科技。

产品设计委员会。您将在第 11 章中看到产品设计对于产品成本的巨大影响。产品设计委员会可以向价值流上所有的参与者提供最优产品设计方面的信息。

安全委员会。发生工伤将导致员工保险赔偿额急剧上升。例如，由于高额的保险成本，加利福尼亚的许多公司都搬迁到了市外或外包所有生产。合理的安全项目能对公司的利润产生巨大影响。几乎所有制造公司都有内部安全委员会，该委员会能够密切关注实时的安全生产执行情况。

人力资源委员会。优秀的员工是所有成功的精益制造商的关键。人力资源委员会经常就招聘员工及如何留住员工召开专题会及信息交流会，其中包括诸如有效的薪酬计划、招聘方法等问题。

第三个职责：质量审查及质量奖项

我们知道，内部审查对维持内部精益运作非常有效，同样，供应商审查也有助于维持广域精益价值链。因此，质量审查是供应商协会最主要的职责之一。在供应商协会中理解质量审查的关键是把审查看成是对供应商的一种帮助而不是一种妨碍或监视活动。可以由质量委员会负责质量审查的职责。

精益供应链内部审查与一般年度质量审查不同。许多大规模生产组织每年对主要供应商进行一次审查。在这次审查后，组织会寄给供应商需要修正的产品清单。供应商在完成相应修正并得到组织认可后，直至下一次审查前（或直到下一个质量问题发生前），组织都不会再次就质量问题与供应商展开沟通。

这类审查系统的问题是组织在这个过程中以审查者的身份扮演了供应商的对手，组织找出问题并要求供应商予以修正，而不是寻找方法来改善供应商的运营。而在精益供应链中，审查的目的是持续地改善供应链质量。

供应商协会的审查职责是为了确保供应商能够全面地定期完成所有关键标准的内部审查，并协助供应商以合理、恰当的方式完成审查。供应商协会应该定期向其供应商成员沟通审查的标准，应该由质量协会来负责完成这项沟通。供应商协会应该每年一次开展审查，在审查中应包含以下关键要素：

1. **回顾供应商内部审查及审查过程**。为了维持精益系统中的所有关键质量改善要素，如标准化生产、5S 及全员生产维护等，内部审查是至关重要的。以上所有质量改善要素都能够提高流程工序的质量。流程质量高意味着次品率非常低。如果某个供应商的内部审查系统不够完善，则需要供应商协会予以帮助以改善其系统。
2. **回顾供应商修正行为及问题解决系统**。明确次品产生的根本原因并实施修正行为对质量改善来说是非常重要的。供应商协会应该对不具备有效系统的供应商给予协助。
3. **随机抽查过程中的样品**。这项抽查应基于供应商内部审查的基础之上。来自买方组织的团队应该对生产过程中的样品展开随机抽查，这么做有两个目的：

- 证实确实在进行内部审查（而不是把审查当成一项浮于表面的工作）。
- 审查团队能够就改善内部审查过程提出建议。

为维持成功的精益供应链，供应商质量奖项也是一种有效的工具。虽然成功精益供应链中的供应商应如同合作伙伴那样紧密协作，但对于成功的供应商还是应该单独授予奖励。供应商协会应该根据审查结果及关键指标每年奖励表现突出的供应商。比如一家远远超出年度质量目标的供应商就应该被授予质量奖项。这样的奖项不仅能够显示组织对优秀供应商的重视，同时还有助于供应商的业务发展（展示从成功的精益客户那里得到的奖项也是一种有效的营销工具）。正如第 5 章中提到的，对于供应链来说，拥有财务稳健的供应商是一种优势。

第四个职责：咨询及顾问协助

大部分美国公司都不会把咨询服务看成是发展供应商的一个必要职责。实际上，正如我们在第 6 章中讨论的那样，外包关系往往会因为买方组织承担了超过预期的技术支持而最终以失败告终。供应商协会职责中的咨询和顾问协助的类型通常仅限于精益生产及质量相关领域。如果要买方组织向供应商提供生产流程相关的咨询，这显然是不合适的（生产流程相关内容应该是供应商的专长）。买方在供应商实施精益制造的时候提供咨询协助是非常有帮助的。咨询及顾问协助的职责往往与另一项职责——培训紧密相连。

买方组织提供咨询及顾问协助的程度取决于买方的组织规模。对于拥有内部专家的大型组织来说，向其供应商提供咨询的资源是不存在任何问题的。以这种方式向供应商进行投资能够提高供应链的综合生产率、缩短交付期并改善质量。对于那些希望实施精益制造的供应商来说，咨询服务也是相当重要的。如果不能从拥有丰富实施经验的组织或个人那里获得协助的话，要实施精益制造是比较困难的。在这种情况下，如果组织仍想实施精益，往往结果就是仅实施了几种精益工具，而且实施后对于提高组织的利润水平作用并不明显。

对于那些没有足够资源以提供咨询服务的买方组织而言，可以使用第三方的方式。在很多情况下，可以由为买方组织提供精益实施的咨询公司来担当这个第三方的角色。不管怎样，买方都需要积极主动地向主要供应商提供咨询服务。

第五个职责：培训专题研讨会

最后就是最重要的职责——提供培训了。因为顾问与培训总是紧紧相连，所以该职责与前面咨询及顾问协助的职责也是密不可分的。对于所有的精益组织来说，培训都是相当重要的，这是因为培训向一种真正增值的资产——员工——进行了投资。对于买方组织来说，供应商及其员工也是买方组织的增值资产。同提供顾问协助的作用相似，对供应商提供培训也能降低供应链成本，提高利润率。

供应商协会应该至少每年召开一次培训专题研讨会，研讨会可以以供应商协会的峰会或活动的一部分的形式展开。这么做能够使许多供应商一起参与研讨会，从而避免了买方组织需要开展重复培训的可能性。

培训专题研讨会应该包含如下内容：

改善活动研讨会。对于那些刚刚开始精益旅程的供应商而言，在改善活动协助中应该包含活动培训及协调。在第 9 章中我们曾经提到对于流程改善而言，改善活动是一种有效方式。由于开展改善活动需要相应经验，所以买方组织需要提供协助（详见第 9 章）。这是精益组织供应商开发的关键部分。

生产技术研讨会。供应商需要召开生产技术研讨会来共享知识。这类研讨会应该每年召开一次，通常是供应商之间互相交流。当然这类研讨会也可以由外部专家（如设备生产商）来组织。

精益会计研讨会。公司在实施精益过程中遇到的最大困难之一就是要改变原有管理会计系统。为了成功地实施精益，需要相应的精益会计系统，同时精益的考核指标也驱使着管理者和其他所有员工按照精益的方式进行生产。标准成本会计系统通常主张大批量的生产方式而不是精益生产技术。因此，精益会计也是供应商需要学习的一个相关课题。

精益/改善工具研讨会。在第 9 章中我们讨论了许多精益及改善工具，这是培训研讨会的主要内容。这类研讨会的学习应该贯穿全年。同时这类培训还应该与第四个职责中描述的咨询联系在一起。

问题解决工具/统计方法研讨会。问题解决方法及诸如六西格玛工具箱之类的统计工具也应该是供应商协会培训项目的一个部分。我们在第8章中曾指出，这类工具对创建稳定的一个流来说是至关重要的。

团队建设研讨会。高效团队是精益项目成功的另一个关键要素。因此，向供应商提供团队建设方面的培训有助于成功实施精益制造。

10.3 有效运用供应商协会

领导及团队选择

采购主管、运营主管、质量主管或者是精益专家都可以领导建立一个供应商协会。与实际领导能力相比，建立供应商协会的这位领导的职称高低可能并没有那么重要。建立供应商协会需要花费许多时间和精力，没有决断能力的人是无法完成这项任务的。和许多其他主要变革的初期一样，建立供应商协会的初期也会遇到阻力。

之所以会遇到阻力，主要有以下一些原因：

- **担心信息泄漏给竞争对手**。这是指组织担心与供应商共享信息的同时，竞争者会从供应商处购买到相应信息，导致信息泄漏。虽说的确存在这种可能性，但是仅凭这些泄漏的信息，竞争对手似乎不可能赶超组织。我们来看看丰田的例子。众所周知，丰田不仅与供应商共享信息，而且多年来也与公众共享了许多丰田生产方式的秘诀，但是由于丰田持续地寻求改善，最终没有人能够在质量或生产率上超过丰田。丰田汽车始终保持领先竞争对手几步的优势。
- **缺乏资源**。在进行任何定量分析前，人们总是假设缺乏相应的资源和/或时间，这种现象不仅会出现在个人身上，同样也会发生在组织当中。尽管精益制造本身能够使组织在仅拥有较少资源的条件下完成更多任务，但具有讽刺意义的是，还是有非常多的组织宣称它们没有资源来实施精益制造。的确，实施并维持一个供应商协会需要资源，但与其所带来的利益相比，这些资源花费根本就是微不足道的。

- **难以量化收益**。实施供应商协会的收益确实很难准确量化。我们可以基于每年规划的预期改善进行收益估测，同时也可以通过观察成功实施供应商协会的其他组织证实收益。全球成功的制造商丰田汽车在全球不断扩大其供应商协会，并持续改善生产率，提高质量。这又定性地证实了供应商协会能够带来收益。
- **担心供应商过于依赖**。在供应商协会运行正常的情况下，供应商应该变得越来越独立。这是因为供应商协会提供的研讨会及咨询能够教会供应商如何通过自己的努力达到持续改善的目的。如果出现供应商过于依赖的情况，供应商协会就是失败的或是没有按照正确的方式建立起来。

与实施精益制造需要出众的领导能力来应对变革中遇到的阻力一样，实施供应商协会同样也需要卓越的领导能力。高层运营主管或CEO应该为此挑选一名领导。一旦选定了领导，他或她的第一个工作就是组建一个执行能力强的团队。该团队规模应该比较小，通常不超过五个人。团队的任务是为供应商协会制定简略的运营方案，并展开与主要供应商的讨论。与第9章中讨论的改善或问题解决团队不同，这里的供应商协会团队中不应该包含太多跨部门的人员。该团队应该由主要的采购及质量部门人员构成。组织的精益专家如果没被选为团队领袖，至少也应该加入该团队。

实施供应商协会：制定运营方案

整个实施过程的第一步就是为供应商协会制定愿景及使命。要注意，使命的表述不可太过复杂，只需要简单陈述供应商协会存在的目的即可。有效的使命表述可以为供应商协会的成员指明方向。供应商协会可以在使命的基础上设定具体目标及战略。通常来说，使命应该使用简洁的方式予以表述，一般不应超过一个段落。

随后，在运营方案中应该描述供应商协会的主要目标及任务。应该基于财务及运营指标来制定诸如成本节约、库存降低、提高生产率及改善质量等的具体目标。制定目标时应遵循 S. M. A. R. T. 原则，即具体的（specific）、可测量的（measurable）、通过努力可实现的（achievable）、现实的（realistic）及有时间限制的（time-bound）原则。

随后应该在运营方案中概述为实现目标及任务，供应商协会的主要职责及负责每个职责的相应主要人员。目标与任务应该与各项职责紧密相连。正如本章前面描述的那样，供应商协会的主要职责包括：

- 高级管理层集体会议。
- 委员会会议。
- 质量审查及质量奖项。
- 咨询及顾问协助。
- 培训专题研讨会。

以上每项职责都应该实现一个或多个目标及任务。通过明确哪项职责或哪些职责实现哪些目标及任务，能够阐明每项职责的意义，并提高实现目标及任务的可能性。

扩展供应商协会

如同在组织中扩展精益制造存在一些方法一样，扩展供应商协会也有一些方法。大部分方法都可以归为以下四种类型：

- **逐层扩展方式**。供应商协会刚开始时可能仅仅包含一级供应商，随后向其他供应商扩展。这也是丰田汽车使用的主要方法。丰田汽车的供应商协会最初仅包含了一级供应商，随后扩展到其他供应商，其中包括资本设备及工具供应商。当组织中拥有许多相似价值流，能够共享供应商时，这种方式最为适用。
- **价值流或产品线扩展方式**。供应商协会最初只包括某条产品线或价值流的供应商，随后向其他产品线或价值流扩展。当组织的价值流完全不同，且每条价值流有其独特的供应商系统时，最适合采用这种方式。

- **按照职责扩展方式**。如本章开头所探讨的那样，可以首先实现供应商协会的某些职责，随后扩展到其他职责范围。例如，组织可能最初仅为了实施精益而成立了供应商协会。在这种情况下，供应商协会中所包含的职责可能仅仅是高层集体会议、精益培训及咨询服务。在完成这些主要任务后，协会可以扩张，最终包含诸如委员会会议、质量审查及奖励和其他培训研讨会等职责。
- **混合扩展方式**。同样也可以使用上述方式的混合形式。比如组织最初可以在一条价值流的一级供应商处就一部分职责实施供应商协会，随后逐层扩展并应用于其他价值流与职责。

扩展供应商协会的方式取决于以下几个关键要素：

- **组织规模**。如果组织的规模相对较小，价值流的数量也不多，那么可以选择首先在一条价值流上实施多层级的供应商协会，随后可以相对较快速地向其他价值流扩展。可能只需要差不多两年的时间，组织就可以拥有多层级、多条价值流的供应商协会了。小型组织可以首先仅在一些职责上实施供应商协会，随后向组织认为对成功起关键作用的其他职责扩展。
- **价值流及供应链的相似度**。如果组织的价值流非常相似并拥有类似的供应链，实施包含数条价值流的供应商协会然后逐层扩展可能是最好的方式。
- **供应链长度或层级数目**。如果供应链上有很多层次，组织还是应该采取逐层扩展的方式较为简单。例如，在一些结构复杂的行业中（如汽车行业），供应链往往是多层级的。这也许可以解释为什么这个行业中的组织，如丰田汽车，都采取逐层的方式扩展供应商协会。

在了解了建立有效供应商协会的步骤、涉及的职责及因素后，我们来看看 EVS 的案例。

案例研究

EVS公司如何实施其供应商协会：EVSSA

在完成广域价值流图的绘制，协助主要供应商绘制其内部价值流图并实施了流程改善后，为了维持目前取得的供应链改善并进一步优化，EVS公司开始组建一个供应商协会。不像那些全球汽车业的领袖公司那样已经成功地建立了供应商协会，规模较小的EVS公司需要根据自己的特殊情况重新设计供应商协会的指导方针及职责。

挑选领袖及实施团队

协会的第一个任务就是挑选领袖及实施团队。EVS挑选的供应商协会领袖是EVS公司的运营总监。这次选出的协会领袖任期为一年，一年后将重新挑选一名完全致力于供应商关系的人员担当领袖职务。由于EVS公司希望由其高层运营人员首先担当此项职责，所以选择了运营总监。同时该运营总监负责整个精益实施，EVS认为第一年由运营总监负责供应商协会是最合适的。

团队包括以下人员：

- EVS运营总监（团队领袖）。
- EVS高级工业工程师。
- EVS高级采购员（负责4400产品线的采购）。
- EVS采购经理。
- EVS质量经理。

为供应商协会确定使命及目标

使命。团队首先确定了供应商协会的使命以及短期、长期的关键目标与任务。团队制定的使命具体如下：

> 通过提供精益制造咨询及培训在协会成员间共享信息，EVS-SA将致力于将每条产品线都打造成为世界一流的供应链。

短期目标。团队的短期目标是在一年内实现将4400产品线的整体供应链生产率提高8%。

其一年的目标如下：

- 在供应商协会成立四周内召集4400价值流上所有的主要供应商，并召开高级管理层会议。
- 对协会中每个主要供应商的实施团队提供精益制造方面的培训。

- 第一年内在协会中所有主要供应商处开展四项改善活动。
- 对协会中的所有供应商每年进行质量审查。
- 制定包含其他价值流供应商的协会扩展方案。

长期目标。团队的长期目标是在未来十年实现平均每年提高10%的生产率，以及5%的质量改善。团队长期任务是：

- 在协会成立的第二年年底，在供应商协会中包含所有价值流（但不是所有层级上）的供应商代表。
- 从第二年起每年两次向供应商提供现场（EVS 公司内）的精益培训项目。
- 使协会的首批成员在加入协会第二年年底的时候就能够自己开展改善活动（这就要求供应商协会在精益培训项目中能够包含培训改善教练员的课程）。
- 第二年年底在协会中举办精益会计研讨会。
- 第二年年底成立注重质量、技术及精益方面的委员会。
- 第三年年底在协会中举办技术研讨会。
- 第三年年底开始实施供应商集中办公（在第11章中将着重讨论这一话题）。
- 第三年年底要求一级供应商带头对某些次级系统进行产品设计。
- 在供应商协会成立四年内，把所有层级与价值流的供应商都囊括在协会内。

实施扩展方案

EVS 使用的是一种混合式的扩展方案。EVSSA 首先从单一的多层级价值流着手，随后按照长期目标，向其他价值流及层级进行扩展。协会一开始关注精益，随着时间的推移，逐渐向其他相关职责扩展。

EVSSA 首先吸收了以下主要供应商作为协会成员：

- San Simeon 装配厂（一级供应商）。
- Tau 金属加工厂（二级供应商）。
- Omega 制造厂（二级供应商）。
- Electronics 公司（二级供应商）。

供应商协会首先召开了高级管理层会议，简述了协会主要长短期目标与任务。EVS 公司的实施团队认为，在供应商协会中吸收以上四家组织相对来说是较为容易的，因为它们在与EVS公司合作时都曾经历过精益改善。为了能够让价值流上其他的供应商加入进来，团队还需要制定一个具体方案。为此，团队决定邀请其他主要供应商的主管一起参与首次高层管理会议，以使他们熟悉这个最终需要他们一起参与进来的协会。

建立培训项目

EVS公司开发了培训教练员的项目，该项目由供应商协会中各主要成员组织的小型实施团队管理。在EVS公司内部提供这类培训项目。正如协会长期任务中阐述的那样，在这个基础上，EVS公司还将每年两次为未来的协会成员提供培训项目。

随后，EVS团队将继续努力完成其一年的短期任务，其中包括开展改善活动、质量审查及为供应商协会制定详细扩展方案。

建立供应商协会并不是实现持续改善的唯一方法，在第11章中我们会学到一些公司是如何使其供应商参与产品设计和/或使供应商集中办公的，这能够进一步消除浪费，实现精益广域价值流。

10.4 本章关键点小结

供应商协会是一个组织的供应商间共享信息与专长的网络系统。

供应商协会的主要职责

有效的供应商协会主要承担以下五个主要职责：

1. **高级管理层集体会议**。供应商协会的第一个职责是组织的高级管理层参加信息交流及规划会议。
2. **委员会会议**。分别有负责诸如质量、精益制造、设计及安全等方面的专门委员会。
3. **质量审查及质量奖项**。为了维持广域精益供应链，需要对供应商实施审查及奖励。
4. **咨询及顾问协助**。通常是指精益生产及质量相关领域的咨询及顾问协助，不包括生产技术方面的内容（这个方面应该是供应商的专长）。

5. **培训专题研讨会**。培训专题研讨会往往与咨询协助联系在一起，通常包括以下方面：
   - 改善活动。
   - 新生产技术（通常是供应商间的培训）。
   - 精益会计。
   - 精益/改善工具。
   - 问题解决工具及统计方法。
   - 团队建设。

为建立供应商协会挑选领袖及团队

和其他主要变革初期一样，建立供应商协会在初期通常也会遇到阻力，为此就需要寻找一名有能力的领袖。采购主管、运营主管、质量主管或精益专家都可以领导建立供应商协会的过程。随后，这位领袖应该挑选一个小型的实施团队，一起制定包含以下任务的供应商协会运行方案：

- 为供应商协会设定愿景与使命。
- 为供应商协会确定主要长短期目标及任务。
- 履行供应商协会的主要职责，并为每个职责选派主要负责人，以实现目标完成任务。

扩展供应商协会

在供应商协会建立后，有几种不同的扩展方式。这些扩展方式主要可以归为以下四类：

- 逐层扩展方式。
- 价值流或产品线扩展方式。
- 职责扩展方式。
- 混合扩展方式。

应该根据组织的规模、价值流及供应链的相似度，以及供应链长度或层级数来选择合适的扩展方式。

10.5 应用于您的组织中

请回答以下问题：

1. 如果在您的组织中开始建立供应商协会，那么在最初的过程中应该包含哪些职责和专业委员会？为什么？

2. 在您的组织中，谁最适合担当供应商协会领袖一职？

3. 您会为您的组织选择哪种供应商协会扩展方式？为什么？

第 11 章

持续改善广域价值流

11.1 在供应商协会基础上继续前进

第 10 章中描述了供应商协会如何帮助组织维持并扩展成功。本书的最后一章将提供继续改善的一些技巧。在本书中曾经提到过多次，供应商参与产品设计是改善广域价值流的一个关键。在本章的第一部分解释了为什么要使供应商参与产品设计，以及供应商参与设计的方式。

在生产过程中另一种降低浪费的趋势是开发供应商园区（supplier park），在该园区内主要供应商与客户一起集中办公。在本章的第二部分我们将详细探讨这个问题。我们会讨论对于那些不能建立主要供应商园区的中小型组织来说，应该如何从一些替代的方法中获益。

11.2 供应商参与产品设计

精益产品设计的必要性：消除产品设计中的七种浪费

产品设计是精益中常常被忽略的一个方面。即使检查了产品设计，往往也只是从简化产品设计流程本身的角度出发所做的检查。尽管简化设计流程本身是有价值的，对于一个组织来说改善产品设计使之能够面向制造，将创造出更多的价值。这种方法被称为面向制造的设计（design-for-manufacturability），这是精益制造的关键部分。就像制造与管理流程应该达到精益要求一样，设计本身也应该保持精益。应该改善产品设计的一个简单原因就是70%～80%的产品成本是由产品设计本身预先决定的，这是一个公认的事实。就像生产过程中存在浪费（muda）一样，产品设计中也存在几种形式的浪费。接下去我们来看看产品设计中的七种浪费。

第一种浪费：过度设计及过度限制。新设计往往是基于前期设计基础之上的。这经常会导致设计要求更高，公差更小，即使设计的新产品并不需要那么高的精度规格。

为以防万一，工程师经常会简单地提高公差等级。这和为以防万一而进行过量生产并持有库存极为相似。尽管对于CAD软件而言，提高公差等级相对于合理公差范围来说并不会增加更多的成本，但却会显著地增加产品制造成本。在诸如医疗器械行业中，后期提高公差等级的成本非常巨大。如能在早期予以合理设计，就可以大大降低成本。

第二种浪费：未充分利用元件的性能。这种浪费是指没有充分充分利用元件的性能。为消除这种浪费，我们应该充分利用元件的性能，或者使用成本、性能较低的元件。例如在电子元件设计中往往就存在许多不必要的性能。

第三种浪费：不必要的物料。在设计中经常会使用一些不必要的、更为昂贵的物料。当然，假如这些物料能够在客户眼中增加价值的话，使用这些物料也是物有所值的。其实，我们经常会由于在前次设计中使用过或由于设计师对于这些物料更为熟悉而选用一些不必要的物料。在设计中需要考虑物料的可制造性，如生产人员会比其他人员更熟悉哪类物料更容易加工，而在大多数情况下，设计工程师对此毫无意识或根本就不会予以考虑。错误选用物料会导致制造成本的增加。

第四种浪费：过量元件。与实际需求相比，几乎所有组装流程中都包含了过多的元件。这会增加组装时间。通过消除元件或在一个元件中整合多种功能，就可以有效降低组装时间及成本。当使用的元件超过一个时，设计师需要考虑使用多个元件的原因。在多数情况下，任何两个固定在一起不需要移动且使用相同物料的元件都可以被组合在一起。

第五种浪费：过量紧固件。许多设计中包含了多重紧固件，这会延长组装时间。如果能整合元件紧固或使用一些替代方法，就可以有效降低组装的时间和成本。

第六种浪费：使用一些需要特殊设备的元件。在这种情况下，设计师会使用一种需要特殊设备或工具制造或者操作的元件。有时候使用那些需要特殊设备或工具的元件的确是必要的，但是如果不是确实需要，这么做就纯粹是一种浪费。

一个需要重点考虑的问题是预期生产量。在预期生产量很低的情况下，我们就应该避免使用一些特殊的工具或设备。这么做可能会导致单位成本增加，但总成本可能反而降低。

第七种浪费：不创造价值的特性。设计中经常会包含一些不能为客户创造价值的特性。可以通过与客户交谈明确该特性是否真正为客户所需要。许多设计本出于善意，但人们并不买账，这是因为设计中不实用的点缀品实在是太多了，客户不愿意为这些点缀品支付费用。

总结

消除以上产品设计浪费并在产品设计中使用精益原则就能够生产出成本更低、更有竞争力的产品。在下一部分您会看到使供应商参与产品设计将能有效地消除大量设计浪费。

11.3 明确供应商在产品设计中扮演的角色

生产元件并组装的供应商通常比组织内任何人都清楚设计中存在的浪费及如何消除这些浪费。他们在生产过程中会发现设计中存在的浪费：制造浪费。使供应商参与产品设计是充分利用供应商知识的一种有效方法。让供应商成为某些元件、组件或子系统的主要设计者也会同样有效。

虽然在大部分情况下供应商参与产品设计是合理的，但并不是所有的供应商都能在产品设计中起到带头作用。供应商在产品设计中所扮演的角色取决于供应商的设计专长和资源以及组织内部专业水平：

- 如果供应商有产品设计方面的资源及经验，可以考虑让该供应商来领导产品设计。
- 如果组织内部拥有设计及生产元件或组件的经验，那么就应该让组织而不是其供应商领导设计过程。当然，供应商还是应该参与整个设计过程。这种情况往往出现在刚刚把元件或组件外包出去的组织中。

供应商参与产品设计的程度可以互不相同（从少量参与到大量参与）：

- 供应商参与设计评估并发表观点。在产品设计过程中可以每月或每季度召开一次设计评估会。在这类评估中，供应商能够从生产的角度提出自己的观点。
- 供应商参与设计改善活动。改善活动的目的是消除制造浪费，而设计改善活动的目的是消除设计浪费，这是供应商发表其观点的有效方式。在改善活动中供应商所提出的观点及建议无论从质量上还是从数量上，都要优于设计评估。
- 在产品开发团队中有供应商的代表。供应商可以派遣一名代表参与定期的（通常是每周一次的）产品开发团队会议。
- 供应商领导产品开发团队。
- 在买方提出建议的基础上，由供应商完成所有元件、组件或产品的设计。

下面我们更为详细地描述供应商参与产品设计过程的不同程度。

设计改善活动

当提到改善活动时，人们往往会想到第 9 章的重点工厂改善。不幸的是，很少有人会把产品设计与改善联系起来。改善活动对于产品设计来说是非常有效的一种工具，通过改善设计本身就可以显著降低设计及制造浪费。有时候我们把这类改善活动称为面向制造的设计（design for manufacturability，DFM）专题研讨会。这类改善活动能够降低20%或更多的生产成本。DFM改善活动能够降低产品复杂度：较少的零件数与工序。订购、规划、制造及组装的部分越少就越能显著降低成本。这类改善活动是使供应商参与设计过程的有效方式。

在DFM改善活动中，设计工程师、制造工程师、采购员、质量工程师、供应商及其他感兴趣的人员一起工作数天，以降低产品设计复杂性并消除设计中的浪费。该类改善活动包含了七个主要步骤，这与为改善生产而举行的改善活动的步骤类似。

第一步：培训。团队接受了面向制造的设计，以及消除七种设计浪费方面的培训。同时团队还开展了一些互动训练以帮助团队拓展思路。

第二步：设定目标。对于正在开发的新产品而言，改善活动的目标应该是产品的“目标成本”。该目标成本应该是基于产品的预期销售价格及利润率得出的。如果改善活动的目的是为了降低已有产品的成本，那么所设定的目标就应该是成本降低的百分比、生产产品所需经过的工序减少数和/或减少的产品元件数。

第三步：绘制当前状况。通过详细绘制生产产品所需的步骤，团队绘制出目前的设计情况。绘制生产产品的所有步骤能够揭示改善设计以提高可制造性的机会。

第四步：头脑风暴方案。在培训及当前状态信息的基础上，团队使用了第9章中提及的使用记事贴的头脑风暴方法。这种方法能够产生数量最多的改善方案。

第五步：选择方案并规划未来状态。团队随后选取方案并根据成功实施的可能性，确定了几种将来可能采取的设计方案。

第六步：为实现未来状态制定计划。团队制定了包含具体任务、日期及负责人员在内的未来设计实施计划。该计划通常包含新材料研究、功能测试、原型、三维模型及与供应商合作等步骤。

第七步：汇报结果。与工厂改善活动一样，团队最后应该汇报改善活动的结果并一起欢聚庆祝。

改善活动结束后，团队应该定期会面以了解最新进展，并推动整个实施进程。与工厂改善活动30天或60天的行动计划不同，设计改善活动的实施计划通常来说执行时间较长，一般在3~6个月。对于已有产品的设计改善而言，6个月内就可以看出产品成本的节约量了。

组织可以运用DFM改善活动来实现在不损害消费者利益的同时降低成本的目标，事实上，在这个过程中还可以增加额外价值。这一未充分利用的工具可以应用于所有的行业中，降低20%~30%的成本。管理团队以前倾向于挤压供应商降低价格以降低成本，而现在就不同了。管理团队应该在其组织中推行DFM来降低成本并显著提高组织利润率。最后，DFM改善活动也是利用供应商面向制造的设计技术的一种有效方式。

由供应商领导产品开发

对那些没有设计资源的供应商来说，参与设计改善活动或加入产品开发团队是他们参与产品设计的最为深入的方式。然而，那些拥有设计资源及专长的供应商还可以更加深入地参与产品设计：在很多情况下，这些供应商能够在产品设计中扮演领袖角色。

组织是如何从内部设计转向外包设计的呢？表11.1列出了转型过程的几个阶段。

表11.1 供应商参与的阶段

阶段	买方的角色	供应商角色
1	设计、制造	没有
2	设计	制造
3	领导设计	对设计提出意见、制造
4	对设计提出意见	领导设计、制造

在多数情况下，组织刚开始时总是处于第一阶段或第二阶段，由组织设计或制造元件、组件或产品，或者至少由组织负责设计，供应商负责制造。在第一阶段及第二阶段，供应商不参与产品设计。

在第三阶段，供应商可以对设计提出意见。在这个阶段有几种不同的参与程度，从供应商参与定期设计评估到参与面向制造的设计专题研讨会，再到加入产品开发团队。

在第四阶段，由供应商领导整个设计过程，买方提供设计建议。在几乎所有的案例中，第三阶段与第四阶段都是理想的状态。但是也有以下情况不适用于第四阶段：

1. 买方组织的内部设计专长是其核心竞争力，只需要供应商从制造角度提出设计意见即可。有很多高度复杂的技术的确存在这种情况。
2. 主要供应商不具备或不愿意提供必要的设计专长以支持第四阶段的设计工作。
3. 对于最终产品，尤其是那些复杂的产品，组织可能并不希望采用第四阶段的方式进行设计。许多组织希望能够控制复杂终端产品的设计，即使这些产品需要完全由供应商来生产（但是某些终端产品非常适合外包设计。例如，当组织决定在其没有专长的领域开发新产品时，选择一家既有设计专长又有制造专长的供应商能够带来最好的效果）。

那么各个阶段之间的转型是如何完成的呢？

- 从第一阶段到第二阶段的转型过程详见第5章。该过程包含了选择供应商并与之签订合约以生产内部设计的产品。
- 从第二阶段到第三阶段的转型并不困难。要开始这个过程，最好的方法之一便是邀请供应商参加设计评估或安排设计团队与供应商会面以收集供应商对产品设计的意见。接着供应商应该参加设计改善活动。随后在产品开发团队中，供应商可能就会发挥积极作用了。
- 在第三阶段发展一年或更久后，供应商可能已经准备好进入第四个阶段。当然，是否能进入第四阶段还取决于供应商的设计资源。没有相应设计资源的供应商必须明确是取得资源进入第四阶段有利还是维持第三阶段有利。

设计——核心竞争力？

制造外包已为公众接受几十年了，但许多组织还是把设计能力看成是其核心竞争力。过去许多组织既设计产品又生产产品。随着时间的推移，组织逐渐把越来越多的制造部分外包出去，而继续在内部保留设计过程。生产与设计总是相连的。一个设计工程师如果对制造过程相当熟悉，那么他或她所设计的产品可制造性就会更强，成本就会更低。由于缺乏内部制造技术，设计方案转化为制造的过程中就会出现越来越多的问题。

因此，下一步就应该向制造元件、组件或产品的供应商外包设计过程。在实现这步飞跃前，组织首先应该权衡表 11.2 中列出的利与弊。

表 11.2　外包设计的利与弊

利	弊
快速检测设计的可制造性的能力	在设计上丧失控制权
更多的面向制造的设计方案	对时间及资源的控制能力减弱
减少了许多重复设计	设计与客户离得更远了
从设计到制造过程缩短（产品上市时间也缩短了）	

最终是否外包设计还应该根据具体情况而定。在某些情况下，外包设计的利大于弊，这取决于涉及供应商的专业技术、产品的复杂性以及组织内部的设计能力。组织必须根据自身情况进行实际评估，并明确外包设计是否能够带来财务或战略上的收益。

向第三方外包设计

外包设计的一个主要优势就是可以快速将产品推向市场。很多组织可能希望以更低的产品开发成本外包设计，这种思维会导致它们可能把设计外包给距离制造流程几千公里远的海外企业。这些组织可能会认为它们请了制造专家生产产品，又请了设计专家设计产品。

可是这种思维却是错误的：向与制造毫无联系的第三方外包设计，与向制造商外包设计相比，前者的总收益反而低，而且反而会延长产品推向市场的时间。事实上，尽管海外设计师每小时收费较低，但如果出现许多重复设计的话，总设计流程可能反而花费更多。

如果设计过程能够与制造过程紧紧相连，那么实现面向制造的设计可能性就要大得多，同时还能实现更低的单位制造成本。与一次性的设计成本相比，我们更需要关注的应该是产品的快速推出及更低的制造成本。低成本带来的优势是显而易见的。产品快速推出能够给组织带来以下几个主要优势：

- 竞争中的市场领先优势。
- 能够快速进行资源再利用，为下一个新产品推出做好准备。
- 提高利润。

例如，有几家供应商为丰田汽车设计元件及组件。丰田汽车同时也是世界上产品开发过程最短的公司。上述两者之间并不是简单的巧合关系。当竞争者设计一辆新型汽车需要花费2~3年的时候，丰田汽车只需要花12个月就能完成全部设计工作①。

参与设计的报酬

应该如何向参加设计过程的供应商支付报酬呢？以下有一些指导方针：

- 对于那些提供设计意见的供应商来说（比如某位供应商被邀请参加设计评估），假设该供应商确保可以拥有产品的制造权，则不需要向其支付参与设计的报酬。
- 对于那些受邀参加设计改善活动的供应商来说，同样也不需要向其支付报酬。供应商从改善活动中学到的知识远大于他们参加活动花费的成本。买方应该负责所有开销（如差旅

① *The Toyota Way*. Jeffray K. Liker. McGraw-Hill, 2004, p. 5.

费）。

- 作为团队成员加入产品开发的供应商应该给予报酬。该报酬应该记入供应商合约，作为一项固定成本或以小时计算的可变成本。

我们应该区别对待完全外包的设计。如果供应商负责一个元件或组件所有的设计及制造，在合约中就应该包含设计元件的固定成本。如果供应商设计的元件或组件总成本低于目标成本，组织应该与供应商共享所获得的经济收益。

买方应该激励供应商及时完成产品设计。供应商按期完成设计时，就应该予以经济上的激励。相反，如果供应商不能在规定期限内完成设计，就将受到经济上的处罚。固定成本加上利益共享及时间激励要比按小时计算成本更好，因为这样对买方及供应商双方都有利。这种情况下，供应商就有动力按时设计出低成本的产品，而不会“虚报账单”。

在了解了供应商参与设计的不同程度后，我们来看看 EVS 是如何使其供应商参与产品设计的。

案例研究

EVS 如何使供应商参与其设计流程

为改善广域价值流，EVS 公司战略的一部分就是要使一级供应商参与设计流程。EVS 公司计划保留对产品整体设计的控制，而把其中一些组件及元件的设计外包。例如，在已有的 4400 产品线中，大部分产品组件都主要外包给 San Simeon 装配厂生产了。EVS 认为这些组件及元件的设计最终也会外包给 San Simeon 装配厂。

为了使供应商参与设计过程，第一步就是要使 San Simeon 装配厂参与 EVS 公司 4400 产品线下一个主要产品型号的设计。EVS 邀请 San Simeon 装配厂的工程师加入了公司的产品开发团队。作为开发过程的一部分，EVS 公司对下一个 4400 产品型号开展了着重于制造性的改善活动。在这支改善团队中，EVS 还邀请了两名 San Simeon 装配厂的代表。在整个设计过程结束后，EVS 公司将明确在下一个型号中哪一部分的设计将外包给 San Simeon 装配厂。

EVS 公司下一步要做的就是与 San Simeon 装配厂一起完成内部设计流程。EVS 邀请 San Simeon 装配厂就其目前正在生产的组件提出重新设计的方案。这能够为 San Simeon 装配厂提供机会证明其有能力设计制造性优良、成本低的元件及组件。EVS 公司决定允许 San Simeon 装配厂保留其通过设计改善而节省的成本，作为其参与设计的报酬，而不是另外直接计算报酬。

当 San Simeon 装配厂证实了其有能力设计低成本的组件后，EVS 公司将授权 San Simeon 装配厂负责下一个产品开发项目中的几项设计。EVS 计划与 San Simeon 装配厂达成以下协议：

- EVS 同意向 San Simeon 装配厂支付一笔固定费用用于设计元件及组件。
- 如果 San Simeon 装配厂设计的元件或组件成本低于目标成本，San Simeon 装配厂将与 EVS 公司按照 50/50 的方式分享收益。
- 按照协议，San Simeon 装配厂如能按时完成设计就可以收到一笔额外报酬。反之，则需要接受罚款。罚款的额度大于按时完成时的额外报酬额度。

外包设计转型过程中的最后一步就是向其他一级供应商扩展外包范围。为了更有效地完成这个步骤，EVS 决定在供应商协会中涵盖精益产品设计的培训及咨询，这就能够使一些供应商坚持运用消除设计浪费的原则。

除了使供应商参与产品设计外，持续改善精益广域价值流还有其他方法。让我们继续学习这些方法。

11.4 成立供应商园区

外包的目的是通过选择拥有最优资源的公司管理一部分价值流

以消除供应链中的浪费现象。但同时，外包也会造成运输浪费。在第1章中我们曾经提到，在广域价值流中，运输是一种主要的浪费形式，在产品的总交付期中，产品在机构间运输的时间占了很大比例。这种运输并不能创造价值。合理选择供应商所处的地理位置对于精益价值流来说是至关重要的。如果绝大部分供应商都位于当地，就可以大大缩短总交付期。在某些情况下，选择当地供应商并不合适，那么即使组织选择了地理位置相对较近的供应商，对于该组织来说仍存在改善的空间。

在理想的状态下应该在供应链中消除运输浪费。为更接近这个理想状况，供应商园区这个概念便应运而生了。

供应商园区综合了外包与纵向整合的优势。在供应商园区内几家供应商生产机构坐落于买方/客户旁边，形成一个园区。建立供应商园区的目的就是为客户的生产线直接、及时地按合理顺序运输零件。

供应商园区系统存在以下优势：

- **消除运输浪费**。消除了浪费时间的供应商产品运输。
- **消除了多重包装/打开包装的工序**。由于价值流参与方互相靠近，就没有必要为了运输而包装产品，然后打开包装并把产品放入合适的容器中，再运往生产线了。在供应商园区中，产品可以直接放入合适的容器，并根据实际需求量进行合理运送。
- **降低库存**。在供应商与客户端都只需要储备较少量的库存。随着运送距离增加而增加的运输时间的不确定性，现在已不再是增加库存的因素。供应商也可以摆脱由于库存零件过时而造成的巨大成本浪费了。
- **提高反应速度**。由于所有的机构都致力于更好地为客户提供服务，并实现了与客户集中办公，根据需求变化快速反应的能力得到了显著的改善。
- **缩短上市时间**。供应商进驻供应商园区也有助于其参与产品设计。与收集坐落于各地的供应商的意见相比，收集一个园区内供应商的意见要简单得多。
- **改善沟通**。尽管我们现在把世界称为一个全球社区，在该社区内各国之间的距离已不是那么重要了，但是任何拥有远距离供应商关系的组织都知道缺乏沟通仍然是其面临的主要问题。使供应商与客户一起集中办公可以消除很多沟通问题。

- **共享服务**。共享信息技术及物流服务对供应商及客户来说都是有利的。

建立供应商园区

为改善价值流，一些汽车巨头如丰田和福特都在世界各地建立了供应商园区。这类供应商园区的基本构成是怎样的呢？总体来说，大部分供应商园区具有如下特征：

- 买方/客户（如丰田汽车）拥有地产所有权，并向其供应商出租园区内的工厂。
- 客户的主要供应商受邀加入供应商园区。在美国，汽车供应商园区内最多有18家供应商，如坐落于得克萨斯州圣安东尼奥的丰田北美第六汽车工厂。丰田汽车供应商一般雇用1500名员工，并在厂房与设备上投入1.5亿美元。
- 买方/客户通常使用诸如低成本租赁或免费培训等方式鼓励供应商加入园区。
- 由客户承担供应商园区的运营，也就是说由客户负责园区内的物流及物料管理。
- 园区既有利于供应商也有利于买方/客户。

在编写本书时，供应商园区仍是汽车行业中的一个独特概念。但是供应商园区没有理由不能适用于其他行业的公司，甚至是较小规模的公司，并为之带来收益。

供应商园区概念的实际运用

在就这个主题做了数次演讲后，我发现虽然大部分人都能看到供应商园区所带来的收益，但他们却不认为供应商园区同样适用于自己的组织。除了汽车巨头外，供应商园区的概念同样也适用于其他组织。

为了证实供应商园区的可行性，我们来看看其在服务行业中是如何运行的。我们以那些提供信息技术支持、清洁服务、维护服务或其他服务的服务组织为例。只有较小型的组织才会使用这类服务，并且即使是由外部组织提供的，这类服务还是需要在现场完成。经常会有人问我这个问题：“这种商业模式如何运用到供应商与买方的关系中呢?”

我们以一个在某条价值链上拥有几家主要供应商的中型组织为例。按照第5章中描述的过程选择供应商，即与买方组织相比，这些供应商在某些流程上专业知识更强。如果供应商完成的工序正好是买方组织的下游工序，这就是最理想的情况了。即使某些中等规模的组织没有建立可以容纳供应商所有流程的园区的必要、资源或经济理由，我们还是可以安排中等规模组织的下游流程与供应商之间实行集中办公。通常按照以下方式进行操作：

- 买方（客户）在自己的工厂内为其主要供应商的上游流程提供空间。供应商向其客户租赁生产工厂。
- 客户邀请主要供应商在客户工厂内设置支持工序。客户的需求是否足以达到供应商需要在客户工厂内安排一台专门的设备或生产单元来完成的标准，是决定是否需要这么做的一个主要因素。
- 和供应商园区的情况一样，客户为鼓励其供应商的加入，应该提供诸如低成本租赁和免费培训之类的服务。同时客户还应该支付从供应商工厂把设备搬迁到自己工厂所花费的费用。

在接下去的案例中，对于EVS来说建立供应商园区是不现实的。我们来看看EVS是如何与供应商在某些流程上集中办公的。

案例研究

EVS如何实施与供应商集中办公

对于EVS公司来说，建立供应商园区不太现实。EVS公司既没有建立供应商园区的相应资源，其产品数量又不能达到建立供应商园区的标准。

部分流程的集中办公是EVS公司较为实际的一个方案。

我们来考虑一下EVS应该如何改善未来价值流图。图11.1给出了第3章中所绘制的未来价值流图。“新供应商”流程框将被第4章中选定的两家新供应商——Omega制造厂及Tau金属加工厂所取代。

EVS如何与供应商合作

如果EVS与其供应商展开合作，应该如何切实落实部分流程的集中办公呢？为了回答这个问题，我们首先需要到四家主要供应商处，更加深入地了解支持EVS公司4400A-Q产品线的内部流程。

第一家供应商：San Simeon **装配厂**。在San Simeon装配厂内，支持EVS公司4400A-Q产品线的工作包括：

- 有几个制造单元每天两个轮班，为EVS公司4400A-Q产品线工作。该制造单元包括装配及测试工序。
- 负责产品运输前进行最后一次视觉检查的运输部门。该运输部门负责所有产品线的检验，并不属于某条特定产品线。
- 包含4400A-Q产品线在内的EVS公司产品的专门采购员/规划员。
- EVS公司4400产品线的专门物料管理员。
- 负责San Simeon装配厂所有设备维护服务的维护部门。
- 专门负责4400产品线的制造工程师。

第二家供应商：Tau **金属加工厂**。在Tau金属加工厂内，支持EVS公司4400A-Q产品线的工作包括：

- 加工中心，在该加工中心中，大约有45%的时间专门用于EVS公司4400A-Q产品线及其他客户产品的生产。
- 一名负责上述加工中心及另外一台设备操作运行的操作员。
- 负责包括EVS产品在内的所有产品样品检验的检验部门。
- 为整个工厂采购原材料的一名采购员。
- 一名规划员，负责包括为EVS公司服务的加工中心在内的数台机器的生产调度。
- 一名负责许多客户与机器的物料管理员。
- 负责所有机器维修服务的维护部门。
- 所有客户与产品线共享的运输部门。

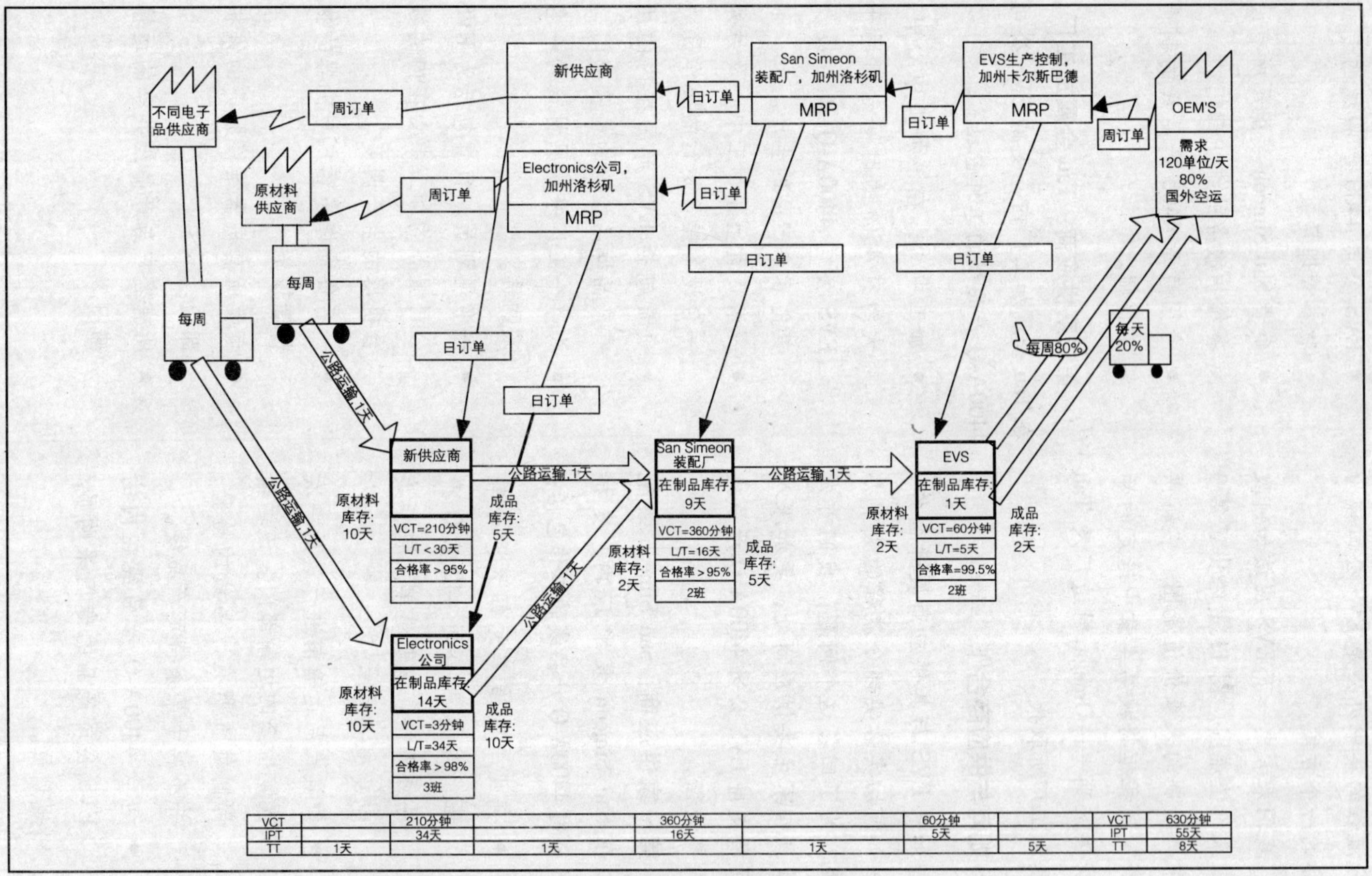

图11.1　EVS公司未来价值流图

第三家供应商：Omega 制造厂。在 Omega 制造厂内，支持 EVS 公司 4400A-Q 产品线的工作包括：

- 加工中心。该加工中心 90% 的时间专门生产 EVS 公司 4400A-Q 产品线，其余 10% 的时间完成其他客户的紧急生产任务。
- 负责上述机器与另一台机器运行的一名操作员，该操作员同时检查这两台机器所加工的零件（除此之外没有其他检查任务了）。
- 一名为整个工厂采购原材料的采购员。
- 一名 50% 时间用于 EVS 公司产品生产调度的规划员。
- 一名为许多客户及机器服务的物料管理员。
- 负责所有机器维修的维护部门。
- 所有客户及产品线共享的运输部门。

第四家供应商：Electronics 公司。在 Electronics 公司内，支持 EVS 公司 4400A-Q 产品线的工作包括：

- 生产并测试包括 EVS 产品线在内的混合产品的多个制造单元。其中没有一个单元单独生产超过 40% 的 EVS 公司产品。
- 一名为包括 EVS 在内的多个客户采购元件的采购员。
- 多名负责调度制造单元生产的规划员。
- 所有客户及产品线共享的运输部门。
- 管理许多客户及制造单元物料的物料管理员。
- 负责所有机器维修的维护部门。

表 11.3 归纳了 EVS 公司 4400 A-Q产品线的广域价值流资源分析。

表 11.3　价值流资源分析

供应商	提供专门服务的价值流资源	提供专门客户服务的资源	共享资源
San Simeon 装配厂	制造单元、操作员、物料管理部门	采购员/规划员	运输部门、维护部门
Tau 金属加工厂	没有	没有	运输部门、检查部门、采购员、规划员、维护部门及物料管理部门

（续表）

供应商	提供专门服务的价值流资源	提供专门客户服务的资源	共享资源
Omega 制造厂	90%时间用于专门生产的设备	50%时间用于 EVS 生产调度的规划员	运输部门、机器操作员、采购员、维护部门及物料管理部门
Electronics 公司	没有	没有	生产设备、操作员、采购员、规划员、运输部门、维护部门及物料管理部门

EVS 公司如何做出与某些供应商集中办公的决策

关于在 EVS 工厂内部与其供应商集中办公问题，EVS 公司供应商协会的高层委员会使用表 11.3 及一些支持信息制定了如下决策：

1. San Simeon 装配厂的制造单元可以安置在 EVS 公司厂房内部，重新安排操作员及物料管理人员的工作地点。专门为 EVS 服务的采购员/规划员可以到 EVS 公司处工作。
2. Omega 制造厂的加工中心原来有 90% 的时间专门用于 EVS 公司生产，以后将改为完全为 EVS 公司生产，并安置于 EVS 内部。该加工中心通过看板系统将原材料订单直接发送给采取卖方管理方式的原材料供应商，这样物料就能够直接运送至机器处。紧急原材料订单从 Omega 制造厂的主工厂发出。
3. 由于 Tau 金属加工厂没有专门为 EVS 服务的设备，所以本次集中办公项目中就不包含该公司了。Tau 金属加工厂仍旧保持在原址生产。随着 4400A-Q 产品线的扩展，当 Tau 金属加工厂中拥有专门生产 EVS 产品的设备后再考虑集中办公事宜。
4. Electronics 公司同样不参与本次集中办公。Electronics 公司服务于数名客户的高度混合的制造单元不利于供应商集中办公。未来假如 Electronics 公司成立了一个专为 EVS 生产的制造单元，则可以考虑将其纳入集中办公范围。

EVS 供应商集中办公节约成本

在决定搬迁供应商前，EVS 公司及其供应商必须通过成本收益分析来明确这个决策是否正确。

San Simeon 装配厂的成本节约。通过 San Simeon 装配厂制造单元集中办公，并对 EVS 公司制造单元实施即时运输配送，San Simeon 装配厂制成品库存可以从 12 天降低至不到 1 天。

以下成本将会得到节省：

- **每年运输成本**：每天运输成本 300 美元，每年运输成本 75000 美元。
- **每年库存持有成本**：20% × 10000 美元/单位 ×120 单位/天 ×11 天 =2640000 美元

另一方面，集中办公后，厂房扩建需要花费 2250000 美元，制造单元搬迁至 EVS 工厂需要花费 75000 美元。San Simeon 装配厂物料管理者再向 EVS 装配单元发送物料时就不需要其他额外费用了。

现金流分析如表 11.4 所示。

表 11.4　EVS 投资 San Simeon 装配厂集中办公的现金流分析

投资额	2325000 美元
每年节省现金	2715000 美元

不需要再进行其他深入分析，我们就可以清楚地看到这是一项明智的投资方案，在一年不到的时间内就可以收回所有投资。假如再进行回报率为 15% 的净现值分析，三年折现后现金流的净现值为 3368657 美元。

Omega 制造厂的成本节约。由于 Omega 制造厂负责 4400 产品线半数以上的生产，通过 Omega 制造厂加工中心的集中办公，并对 EVS 公司的组件实施即时运输配送，加工元件的库存可以从 12 天下降至 6 天左右。以下就是将被节省的成本：

- 每年运输成本：每天运输成本为 150 美元，所以每年运输成本就是 37500 美元。
- 每年库存持有成本：20% × 4000 美元/单位 ×120 单位/天 ×6 天 =576000 美元（每件制成品的加工元件成本大约为 4000 美元）。

实施集中办公后，还需要花费 100000 美元重新装修厂房，把加工中心搬迁至 EVS 工厂需要 25000 美元。加工中心与 San Simeon 装配厂装配单元集中办公，这样 San Simeon 装配厂物料管理者从加工中心把物料运输至其装配单元就不需要额外费用了。

现金流分析如表 11.5 所示。

表 11.5　EVS 投资 Omega 制造厂集中办公的现金流分析

投资额	125000 美元
每年节省现金	613500 美元

不需要进一步深入分析，我们就能很清楚地看出这是一项明智的投资，可以在不到 3 个月的时间内收回所有投资额。假如再进行回报率为 15% 的净现值分析，三年折现后现金流的净现值为 1109355 美元。

总成本节省。使 Omega 制造厂加工中心、San Simeon 装配厂装配单元与 EVS 公司的总装流程集中办公，可以在总价值流上节省 3328500 美元，三年折现后的总净现值为 4478012 美元。减少的库存有些原先为 San Simeon 装配厂持有，有些为 Omega 制造厂所持有，因此集中办公能够给双方都带来最大收益。当然，供应商还需出租其部分厂房，但是与供应商获得的收益相比，这些成本都是微不足道的。

实施 EVS 供应商集中办公的过程

EVS 公司供应商集中办公项目在实施过程中通常会出现以下特征：

- EVS 将为上游流程中的主要供应商提供厂房空间，同时，扩建已有厂房以容纳供应商的费用将由 EVS 自己承担。为了容纳 San Simeon 装配厂与 Omega 制造厂一起集中办公，EVS 需要花费 235 万美元用于厂房修建。
- EVS 将支付把设备从供应商厂房搬移至 EVS 厂房所需花费的费用。
- San Simeon 装配厂和 Omega 制造厂将向 EVS 公司租赁厂房，同时 EVS 也将向它们提供廉价的租金。
- San Simeon 装配厂与 Omega 制造厂将派遣人员负责其租赁区域的日常运营。

EVS 公司计划在完成最初的未来价值流图后的三年内开始与供应商集中办公。集中办公的最初实施团队将包括：

- EVS 公司运营总监。
- EVS 公司工厂经理。
- San Simeon 装配厂经理。
- Omega 制造厂经理。
- EVS 工业工程师。
- San Simeon 装配厂制造工程师。

以上六名人员将负责实施 San

Simeon装配厂装配单元、Omega制造厂加工中心与EVS公司集中办公。在完成这个项目后，EVS将考虑进一步扩展集中办公计划。

扩展EVS供应商集中办公

最后，EVS公司计划在其他供应商与另外两条价值流4400XYZ及7700上扩展实施供应商集中办公项目。这个过程将通过供应商协会实现。EVS计划成立一个新的物流与厂房规划委员会，来规划未来几年的供应商集中办公活动。具体来说，集中办公包含下列活动内容：

- 监控、评估并度量集中办公项目是否成功。
- 向其他供应商扩展4400A-Q项目。
- 为4400XYZ价值流建立供应商集中办公项目。
- 为7700价值流建立供应商集中办公项目。
- 规划厂房扩建。
- 探索在供应商处实施供应商集中办公的可能性。

11.5 客户集中办公过程

集中办公的目的（就像我们在本章的第一部分及EVS详细的案例研究中所看到的那样）是创建一条库存量更少、交付期更短的理想的精益广域价值流。在某些情况下，组织几乎外包了全部生产及装配流程。运用供应商集中办公的逻辑，为了支持供应商生产，我们就需要在客户处建立很大面积的厂房。而对于这类组织来说，构建厂房以容纳供应商的部分流程也是毫无意义的。那么除了供应商在客户工厂处集中办公外，还有什么其他更好的方法吗？

听起来可能有些奇怪，有时候我们也可以在供应商处实现与客户之间的集中办公，以替代在客户工厂内供应商集中办公的方式。例如在一家公司内，唯一的生产部门就是总装与测试流程，这两个流程都只需占据很小的厂房面积便可以完成。而该公司的一级供应商却需要相当大的厂房面积以实现生产及装配流程。由于该公司希望能够控制总装及测试流程，公司选择在自己厂房内完成这最后两个步骤。在这里，我们需要搬迁这些流程。集中办公并不是说公司失去了对这两个流程的控制权。我们之前研究供应商在客户处实现集中办公时所使用的逻辑思维可以再次运用到这里。

那么应该如何实现这个过程呢？在供应商到客户处集中办公的情况下，客户应该向供应商提供生产空间。如果需要扩建厂房，同样也应该由客户来承担这笔费用。但是在客户到供应商处集中办公的情况下，供应商通常不愿意支付为容纳客户而进行厂房扩建的费用。如果供应商恰好有空余的厂房，那么该供应商就会直接将其租赁给客户。反过来，如果没有空余厂房，客户所需的生产空间需要新建，此时客户就应该为供应商投资扩建。由于我们假设在这种情况下客户所需占据的生产空间较小，所以大部分状况下都不需要扩建供应商工厂。

其他的集中办公概念

我们在之前的例子中再添加一些信息。假设组织拥有一些全球分销中心，并通过这些分销中心把制成品运往终端客户。在这种情况下，我们是在供应商处完成所有装配后运送至分销中心的，此外还有一种方法就是在分销中心完成产品的最后装配。在后一种方式下，供应商将未完工的产品运送至分销中心，然后由分销中心在向终端客户运输前完成总装与测试工序。由于这么做需要在每个分销中心设置总装及测试的空间，尽管增加了分销中心的厂房面积，但同时却会减少运输浪费、缩短交付期并降低潜在库存。

延迟为客户定制的过程能有效降低库存，这是实施该方案的主要原因。例如，我们把这个理论应用于喷墨打印机的生产上。我们在分销仓库中放置打印机、各种语言的使用指南以及各种适用于不同国家的电源插头。延迟打印机的包装使之与使用指南及插头电源配套，生产商就可以有效降低打印机库存量。相对于预测各个型号制成品的需求而言，预测总需求要简单得多。也就是说，预测 12 月份喷墨打印机大致销售量相对于预测每种不同配套附件的打印机需求量要更为简单。由于这么做可以在运输前再完成客户化定制，打印机的库存量就可以相应减少。

同样，在分销中心内完成总装及测试工序的例子中，我们可以把总装及测试工序看成是一种客户化定制过程。换句话说，供应商运来的组装产品可以被制成几种不同型号的制成品。由于把客户化定制产品的过程推迟到了向终端客户运输之前，所以在分销中心就可以有效减少库存量。这可以明显节省财务成本。

始终考虑如何消除浪费

无论在哪种情况下，我们总是能够进一步改善供应链。我们的目的是寻找并消除供应链中存在的不能创造价值的活动。为了实现这一目标，所有的组织都不能满足于现状。对已取得的成绩感到骄傲自满最终只会导致整个组织的后退。那些真正世界级的组织都意识到它们还有很大的改善空间，因此也总能找到更好的方法进行生产。丰田汽车在50多年中不断地完善其汽车供应链，但直到今天丰田仍然认为公司有继续改进的空间。

本章的目的是激发人们以创造性的方式思考如何进一步改善供应链，无论是通过改善产品设计、设计流程或是完成工序的地点。组织如果不能持续向没有浪费的供应链前进，整个组织就要开始后退。在整条供应链上持续消除浪费是非常重要的，只有这样，那些世界级的公司才能在竞争舞台上始终保持自己的领先地位。

11.6 本章关键点小结

供应商协会有助于组织维持并扩展其成功的精益广域价值流，在这个基础上，使供应商参与产品设计及实施供应商园区是进一步改善精益供应链的两种方式。

由于生产制造过程中可能会出现问题，因此经常需要多次重复设计产品，而且70%~80%的产品成本是由其设计方案事先决定的，这是一个公认的事实。因此，精益生产商需要改善产品设计以降低成本并缩短产品推向市场的时间。同时考虑到供应商有生产流程方面的知识，因此让供应商参与产品设计是十分必要的。

产品设计中的七种浪费

大部分的产品设计中包含了以下七种浪费，这些浪费将导致生产成本增加，并延长产品推向市场的时间：

第一种浪费：过度设计及过度限制。

第二种浪费：未充分利用元件性能。

第三种浪费：不必要的物料。

第四种浪费：过量元件。

第五种浪费：过量紧固件。

第六种浪费：使用一些需要特殊设备的元件。

第七种浪费：不创造价值的环节。

生产元件及组件的供应商要比其客户组织中的任何人都清楚如何寻找并消除设计中的浪费。

供应商不同程度地参与产品设计

供应商参与产品设计的程度可以各不相同，从少量参与设计到深入参与整个设计过程：

- 供应商参与设计评估，并对产品设计发表意见。
- 供应商参与设计流程改善活动。
- 供应商派遣一名代表加入产品开发团队。
- 供应商在产品开发团队中担任领袖角色。
- 供应商设计整个元件、组件或产品，买方对设计发表意见。

在大多数情况下，供应商会从少量参与逐渐转变为大量参与产品设计。有些供应商或许能够担任产品开发的领袖角色，而另一些供应商也许只能就产品设计提供一些意见。无论在哪种情况下，让供应商在某种程度上参与产品设计流程是至关重要的。

建立供应商园区的优势

另一个供应链改善的概念就是供应商园区。供应商园区综合了外包与纵向整合两方面的优势。在供应商园区内，几家专门为买方/客户服务的供应商将其生产厂房集中在买方/客户附近。供应商通常以优惠的租金向其客户租赁厂房。供应商园区的概念目前正在为一些大型汽车生产商所使用。

建立供应商园区的优势包括：

- 消除运输浪费。
- 消除重复包装/打开包装的工序。
- 降低库存。
- 提高反应速度。
- 缩短上市时间。
- 改善沟通。
- 共享服务。共享诸如信息技术及物流之类的服务。

供应商园区的一种替代方式：供应商集中办公

组织可以选择在其工厂机构内的下游流程与供应商集中办公的方式替代建立供应商园区的方法。这么做就能够使一些中等规模的组织也享受到供应商园区所带来的好处。在这种情况下，供应商将从其客户处租赁生产空间，并在该生产区域配备供应商自己的设备及人员。

当组织几乎全部外包其生产装配流程时，对于组织来说，在自己的机构内与供应商集中办公需要花费更多的成本。对于这类公司而言，要实施供应商集中办公，更为实际的方法是在供应商处实现客户与供应商的集中办公。

11.7 应用于您的组织中

请回答以下问题：

1. 在您的组织中，平均产品开发时间是多少？供应商目前的参与程度如何？

2. 您认为在产品开发过程中，您的供应商应该以怎样的程度参与进来？您认为哪家供应商将对产品开发贡献最大？

3. 以您的组织中的一条价值流为例，思考如何应用供应商园区这个概念。通过建立供应商园区，交付期能够缩短多少？

推荐阅读材料

精益制造

Lean Thinking. James P. Womack and Daniel T. Jones. Simon & Schuster, 1996.

The Machine That Changed the World: The Story of Lean Production. James P. Womack, Daniel T. Jones, Daniel Roos. Harper Perennial, 1991.

The Toyota Way. Jeffrey K. Liker. McGraw-Hill, 2004.

改善及六西格玛工具

5 Pillars of the Visual Workplace: The Sourcebook of 5S Implementation. Hiroyuki Hirano. Productivity Press, 1995.

A Revolution in Manufacturing: The SMED System. Shigeo Shingo. Productivity Press, 1985.

Autonomous Maintenance in Seven Steps. Masaji Tajiri, Fumio Gotoh. Productivity Press, 1999.

Creating Continuous Flow: An Action Guide for Managers, Engineers and Production Associates. Mike Rother and Rick Harris. Lean Enterprise Institute, 2001.

Creating Level Pull: A Lean Production-System Improvement Guide for Production-Control, Operations, and Engineering Professionals. Art Smalley. Lean Enterprise Institute, 2004.

Kanban Made Simple: Demystifying and Applying Toyota's legendary Manufacturing Process. John M. Gross, Kenneth R. McInnis. American Management Association, 2003.

Lean Assembly: The Nuts and Bolts of Making Assembly Operations Flow. Michel Baudin. Productivity Press, 2002.

Lean Logistics: The Nuts and Bolts of Delivering Materials and Goods. Michel Baudin. Productivity Press, 2005.

Making Materials Flow: A Lean Material-Handling Guide for Operations, Productin-

Control, and Engineering Professionals. Rick Harris, Chris Harris, Earl Wilson. Lean Enterprise Institute, 2003.

The Six Sigma Handbook: The Complete Guide for Greenbelts, Blackbelts, and Managers at All Levels. Thomas Pyzdek. McGraw-Hill, 2003.

Zero Quality Control, Shigeo Shingo. Productivity Press, 1986.

外包

The Outsourcing Revolution. Michael F. Corbett. Dearborn Trade Publishing, 2004.

面向制造的产品设计

Design for Manufacturability Handbook. James G. Bralla. McGraw-Hill Professional, 1998.

Design for Manufacturability: Optimizing Cost, Quality, and Time-To-Market. David M. Anderson. CIM Press, 1990.

价值流图

Creating Mixed Model Value Streams: Practical Lean Techniques for Building to Demand. Kevin J. Duggan. Productivity Press, 2002.

Learning to See Version 1.3. Mike Rother, John Shook, Jim Womack, Dan Jones. Lean Enterprise Institute, 2003.

Seeing the Whole: Mapping the Extended Value Stream. Jim Womack, Dan Jones. Lean Enterprise Institute, 2002.

书系代码	书 名	作 者	定 价
经营管理			
BM001	《并购成长》(Digital Deals)	Geis	29. 80
BM002	《绩效！绩效！》(企业培训版) (Coaching for Improved Performance)	Fournie	39. 80
BM003	《质量无泪》(Quality Without Tears)	Crosby	39. 80
BM004	《海阔天空——我在 DELL 的岁月》	方国健	20. 00
BM005	《心时代——一个情感化的世界及其经济图景》	曹世潮	20. 00
BM006	《情境领导者》(The Situational Leader)	保罗·赫塞	18. 00
BM007	《EMBA 销售管理》(Sales Management)	Calvin	45. 00
BM008	《EMBA 财务管理》 (Finance and Accounting for Non-financing Managers)	Weston	49. 80
BM009	《EMBA 兼并与收购》(Mergers and Acquisitions)	Weston	38. 00
BM010	《EMBA 公司战略》(Corporate Strategy)	Colley	39. 80
BM011	《EMBA 创业管理》(Entrepreneurial Management)	Calvin	49. 80
BM012	《EMBA 领导艺术》(Managerial Leadership)	Topping	35. 00
BM013	《EMBA 战略营销管理》 (Strategic Marketing Management)	Parry	42. 00
BM014	《EMBA 公司治理》(Corporate Governance)	Colley 等	49. 80
BM015	《六西格玛是什么》(What is Six Sigma)	Pande	15. 00
BM016	《六西格玛基础教材》(The Six Sigma Basic Training Kit)	Juran	80. 00
BM017	《六西格玛团队实战手册》 (The Six Sigma Way Team Fieldbook)	Pande, Neuman, Cavanagh	49. 80
BM018	《六西格玛团队怎么做》(Six Sigma Team Pocket Guide)	Federico	16. 00
BM019	《杰克·韦尔奇领导艺术词典》 (Jack Welch Lexicon of Leadership)	Krames	32. 00
BM020	《杰克·韦尔奇的 29 个领导秘诀》 (29 Leadership Secrets from Jack Welch)	Slater	29. 80
BM021	《通用电气“群策群力”》(GE Work - Out)	Ulrich 等	39. 80
BM022	《顶峰》(Million Dollar Consulting)	Weiss	48. 00
BM023	《战略计划实务》(Applied Strategic Planning)	Goodstein 等	48. 00
BM024	《平衡计分卡实用指南》(Balanced Scorecard)	Paul Niven	49. 80
BM025	《战略物流管理》(Strategic Logistic Management)	Stock	80. 00
BM026	《整合——企业并购成功之道》(M & A Integration)	Schweiger	39. 80
BM027	《战略领导》(The Art and Discipline of Strategic Leadership)	Freedman	32. 00
BM028	《经理薪酬完全手册》 (The Complete Guide to Executive Compensation)	Bruce R. Ellig	65. 00

书系代码	书　名	作　者	定 价
BM029	《突破困境的领导艺术》(Leadership When the Heat's On)	Cox，Hoover	39.80
BM030	《朱兰自传》(Architect of Quality)	Juran	50.00
BM031	《卓越领导》(The Extraordinary Leader)	Zenger 等	39.80
BM032	《精益六西格玛案例》(Learning into Six Sigma)	Wheat 等	18.00
BM033	《领袖魅力》(Executive Charisma)	Benton	39.80
BM034	《西南航空案例》(The Southwest Airlines Way)	Gittell	49.80
BM035	《危机领导》(Leader Shock)	Hicks	29.80
BM036	《应变》(Agile Business for Fragile Times)	麦卡锡　等	35.00
BM037	《绩效导向的领导力》(Results-Based Leadership)	Ulrich　等	49.80
BM038	《企业沟通的威力》(The Power of Corporate Communication)	Argenti　等	39.80
BM039	《贯彻执行　现在就做》(Why Can't We Get Anything Done Around Here?)	李夫顿　等	20.00
BM040	《高效能团队领导智慧》(Leadership Lessons of The Navy Seals)	坎农　等	39.80
BM041	《竞争性销售》(Hope is not a Strategy)	佩吉	39.80
BM042	《丰田汽车案例》(The Toyota Way)	莱克	49.80
BM043	《风险管理》(Risk Management)	科罗赫　等	80.00
BM044	《团队工作》(The Work of Teams)	卡岑巴赫	39.80
BM045	《通用电气案例》(GE Work-out)	Ulrich　等	49.80
BM046	《质量无泪》(修订版)	Crosby	39.80
BM047	《绩效改进 19 讲》(201 Ways to Turn any Employee Into a Star Performer)	霍利	29.80
BM048	《人性管理》(The Uncertain Art of Management)	奥斯曼	39.80
BM049	《透明管理》(The Transparency Edge)	佩格诺	29.80
BM050	《成本改进 181 法》(A Manager's Guide to Creative Cost Cutting)	大卫·杨	29.80
BM051	《直觉》(The Art of What Works)	杜根	39.80
BM052	《劣势者的优势》(The Underdog Advantage)	莫里	39.80
BM053	《精益六西格玛服务》(Lean Six Sigma for Service)	乔治	55.00
BM054	《活学活用博弈论》(Game Theory At Work)	米勒	39.80
BM055	《巅峰绩效》(Peak Performance)	卡岑巴赫	39.80
BM056	《丰田汽车：精益模式的实践》(The Toyota Way Fieldbook)	莱克 等	65.00
BM057	《什么是公司治理》(What is Corporate Govermance)	科利 等	18.00
BM058	《MBA 名校的 10 堂课》(What the Best MBAs Know)	纳瓦洛	49.80
BM059	《现代企业管理教程》(Understanding Business)	尼科尔斯 等	50.00
BM060	《领导艺术》(The Art of Leadership)	曼宁 等	50.00
BM061	《产品生命周期管理》(Product Lifecycle Management)	格里夫斯	49.80
BM062	《创新从头开始》(What customers want)	伍维克	29.80
BM063	《创新引擎》(Fast Innovation)	George	39.80
BM064	《苹果电脑案例》(The Apple Way)	Cruikshank	39.80
BM065	《企业外包实务》(The Manager's Step-by-Step Guide to Outsourcing)	Dominguez	29.80

书系代码	书　　名	作　者	定 价
BM066	《重塑创业精神》(Lead Like an Entrepreneur)	桑伯里	45.00
BM067	《顾客导向》(The Outside-In Corporation)	邦德	39.80
BM068	《定价与收益优化》(Pricing and Revenue Optimization)	菲利普斯	60.00
BM069	《笑梁山》	陈实	35.00
BM070	《价值流管理:面向全局供应链的精益方法》	多尔斯麦思卡罗	43.00
经济学			
E-001	《中国经济》(Chinese Economy)	蔡昉,林毅夫	39.80
E-002	《宏观经济学》(Macroeconomics)	Dornbusch	60.00
E-003	《经济学》(Economics)	McConnell,Brue	79.00
E-004	《微观经济学》(Microeconomics and Behavior)	Frank	65.00
E-005	《环境经济学》(Introduction to Environmental Economics)	Field 等	50.00
E-006	《财富的诞生》(The Birth of Plenty)	Bernstein	49.80
E-007	《ArcView GIS® 与 ArcGIS® 地理信息统计分析》(Statistical Analysis of Geographic Information with ArcView GIS® and ArcGIS®)	David Wong 等	58.00
管理学			
MT001	《战略物流管理》(Strategic Logistic Management)	Stock	80.00
MT002	《物流战略咨询》(Supply Chain Strategy)	Frazelle	49.80
MT003	《组织人员配置》(Staffing Organization)	Heneman, Judge	
MT004	《战略管理》(Strategic Management)	Dess 等	40.00
MT005	《数据模型与决策:运用电子表格建模与案例研究》(第1版)(Introduction to Management Science)	Hillier 等	75.00
MT006	《数据模型与决策:运用电子表格建模与案例研究》(第2版)(Introduction to Management Science)	Hillier 等	75.00
MT007	《电子商务导论》(Introduction to E-Commerce)	雷波特　等	58.00
MT008	《供应链设计与管理》(Designing and Managing The Supply Chain)	辛奇—利维　等	40.00
MT09	《管理学基础》(Management)	克尼基　等	48.00
MT010	《定价》(Pricing)	门罗	65.00
MT011	《精通战略》(Mastering Strategy)	雷格斯比　等	39.80
MT012	《战略采购管理》(Harnessing Value in the Supply Chain)	班菲尔德	39.80
MT013	《逆向管理》(Don't Oil the Squeaky Wheel)	Rinke	39.80
MT014	《跨国管理》(Transnational Management)	Bartlett 等	79.80
MT015	《运营管理》(Matching Supply with Demand)	Cachon 等	50.00
MT016	《供应链与价值网创新企业案例》	任建标	35.00
营销管理			
MM001	《定位》(Positioning)	Ries & Trout	39.80
MM002	《营销战》(修订版)(Marketing Warfare)	Ries & Trout	39.80
MM003	《营销革命》(Bottom-up Marketing)	Ries & Trout	39.80
MM004	《新定位》(The New Positioning)	Trout	39.80
MM005	《颠覆广告》(Disruption)	让—马贺·杜瑞	40.00

书系代码	书　　名	作　者	定　价
MM006	《创意的竞赛》(Which Ad Pulled Best?)	Purvis	39.80
MM007	《广告文案名人堂》(The Art of Writing Advertising)	Higgins	29.80
MM008	《产品经理的第一本书》(The Product Manager's Handbook)	Gorchels	39.80
MM009	《全球整合营销传播》(Communicating Globally)	舒尔茨	39.80
MM010	《整合营销传播：利用广告和促销建树品牌》(IMC：Using Advertising and Promotion to Build Brands)	Duncan	298.00
MM011	《市场战略》(The Market Makers)	Spulber	48.00
MM012	《全球营销》(Global Marketing)	乔尼·约翰逊	60.00
MM013	《网络营销》(Internet Marketing)	默罕默德 等	65.00
MM014	《产品经理的第二本书》(The Product Manager's Field Guide)	Linda Gorchels	39.80
MM015	《营销学基础》(Essentials of Marketing)	佩罗特，麦卡锡	60.00
MM016	《文案发烧》("Hey, Whipple, Squeeze This.": A Guide to Creating Great Ads)	苏立文	39.80
MM017	《小鱼吃大鱼》(Eating the Big Fish)	摩根	45.00
MM018	《什么是战略》(Trout On Strategy)	特劳特	29.80
MM019	《整合营销传播：创造企业价值的五大关键步骤》(IMC：the Next Generation)	唐·舒尔茨 等	39.80
MM020	《促销管理的第一本书》	Schultz	39.80
MM021	《广告箴言》(And Now a Few Words From Me)	加菲尔德	29.80
MM022	《营销计划手册》(The Successful Marketing Plan)	赫宾 等	68.00
MM023	《渠道管理的第一本书》(The Manager's Guide to Distribution Channels)	哥乔斯 等	35.00
MM024	《项目管理的第一本书》(The McGraw-Hill 36 - Hour Project Management)	库克，塔特	
MM025	《细读杰克·韦尔奇》	Krame, Slater	39.80
MM026	《品牌资产管理》(Brand Asset Management)	戴维斯	39.80
MM027	《互愿营销》(Opt-In Marketing)	罗曼 等	39.80
MM028	《小技巧　大销售》(401 Killer Marketing Tactics)	费尔藤斯坦	39.80
MM029	《作业成本管理的第一本书》(Common Cents)	特尼	39.80
MM030	《产品经理手册》(The Product Manager's Handbook)	哥乔斯	55.00
MM031	《商战》(20周年纪念版)(Marketing Warfare)	Ries & Trout	68.00
MM032	《博客营销》(Blog Marketing)	Jeremy Wright	39.80
MM033	《品牌驱动力》(Building the Brand-Driven Business)	戴维斯，邓恩	39.80
销售管理			
SM001	《成功销售管理的7大秘诀》(7 Secrets to Successful Sales Management)	Wilner	39.80
SM002	《电话行销，轻松成交》	姚能笔	39.80
SM003	《摸透顾客心》(Ten Demandments)	Mooney Bergheim	39.80

书系代码	书　　名	作　　者	定　价
SM004	《练就铁齿铜牙》 (Secrets of Power Persuasion for Salespeople)	Dawson	39.80
SM005	《轻松收款》(Collections Made Easy)	卡罗尔	39.80
SM006	《打倒墨菲定律　挽救我的销售》 (Beating the Deal Killers)	Giglio	39.80
SM007	《增加销售的12种核心技术》(Beyond E)	Diorio	39.80
SM008	《销售管理》(Sales Force Management)	Johnston 等	49.00
SM009	《汽车销售的第一本书》	孙路弘	39.80
SM010	《终极销售力》(Ultimate Selling Power)	莫伊,洛伊德	39.80
SM011	《顶尖销售的25堂课》 (Secrets of Top Performing Salespeople)	乔诺　等	29.80
SM012	《引爆销售的10大黄金法则》	Desena	39.80
SM013	《再造销售奇迹》	Eades	39.80
SM014	《攻心式销售》	Bosworth	24.80
SM015	《百万销售师》	Gardner	24.50
SM016	《成交》	Victor	29.80
SM017	《直销经理的第一本书》(Making Millions in Direct Sales)	马拉汉　等	39.80
职场发展			
CD001	《外企面试宝典》(More Best Answers to the 201 Most Frequently Asked Interview Questions)	DeLuca	25.00
CD002	《人才心理测评》(Psychological Testing at Work)	Hoffman	25.00
CD003	《演讲的艺术》(Strictly Speaking)	Buckley	29.80
CD004	《五大会计师行》	周年洋　等	24.80
CD005	《职业经理自修手册》 (The Manager's Self-development Guide)	Pedler	35.00
CD006	《关键对话》(Crucial Conversations)	Patterson 等	29.80
CD007	《静思录》(Finding Your Strength in Difficult Times)	David Viscott	19.80
CD008	《商务英语书信写作精益求精篇》	康宁汉　等	29.80
CD009	《商务人士日常书信写作》(Great Personal Letters for Busy People)	布赫	48.00
CD010	《销售信函》(Sales Letters Ready to Go)	贝塞尔　等	32.00
CD011	《商务信函》(Business Letters Ready to Go)	Bayse	39.80
CD012	《我爱笨老板》(How to Work for an Idiot)	胡佛	29.80
CD013	《实用英语动词短语》(Basic Phrasal Verbs)	斯皮尔斯	35.00
CD014	《赛马》(Horse Sense)	里斯,特劳特	29.80
CD015	《报刊装帧设计手册》(The Newspaper Designer's Handbook)	哈洛维	128.00
CD016	《君子善言》(Speak Like a CEO)	贝茨	32.00
CD017	《脱颖而出》(Shine)	汤普森	29.80
CD018	《量子飞跃》	谢尔顿,刘芊	29.80
CD019	《纳米说服力》	姚能笔	29.80

书系代码	书　　名	作　者	定　价
投资理财			
IF001	《投资艺术》(Winning the Loser's Game)	Ellis	19.80
IF002	《向格雷厄姆学思考,向巴菲特学投资》(How to Think Like Benjamin Graham and Invest Like Warren Buffett)	Cunningham	39.80
IF003	《巴菲特怎样选择成长股》(How to Pick Stocks Like Warren Buffett)	Vick	29.80
IF004	《最后的合伙人》(The Last Partnership)	Geisst	29.80
IF005	《财务报表分析与证券定价》(Financial Statement Analysis and Security Valuation)	Penman	98.00
IF006	《技术分析》(Technical Analysis Explained)	Pring	80.00
IF007	《技术分析 A－Z》(Technical Analysis from A to Z)	Achelis	55.00
IF008	《股票价值评估》(Valuing a Stock)	Gray 等	39.80
IF009	《蜡烛图精解》(Candlestick Charting Explained)	Morris	39.80
IF010	《技术分析习题集》(Study Guide for Technical Analysis Explained)	Pring	25.00
IF011	《股票市场的时机选择》(Timing the Stock Market)	亚历山大	48.00
IF012	《最佳卖出点》(It's when You Sell that Counts)	卡西迪	39.80
IF013	《股市名言》(Buy the Rumor, Sell the Fact)	麦洛	29.80
IF014	《向格雷厄姆学思考,向巴菲特学投资》(修订版)	Cunningham	39.80
IF015	《华尔街投资银行史》	Geisst	49.80
IF016	《信用风险:度量与管理》	瑟维吉尼	65.00
IF017	《财务报表分析与证券定价》(第二版)(Financial Statement Analysis and Security Valuation)	Penman	98.00
IF018	《信用评分模型技术与应用》	陈建	60.00
IF019	《现代信用卡管理》	陈建	80.00
IF020	《标准普尔教你做好个人理财》(The Standard & Poor's Guide to Personal Finance)	道尼	25.00
IF021	《标准普尔教你做好第一笔投资》(The Standard & Poor's Guide for the New Investor)	马蒂夫	25.00
IF022	《标准普尔教你做好长期投资》(The Standard & Poor's Guide to Long-Term Investing)	提格	20.00
IF023	《股市法则》(Stock Market Rules)	沙伊莫	29.80
IF024	《股指期货 100 问》	中国国际期货武汉研究中心	25.00
IF025	《巴菲特选股魔法》	洪瑞泰	25.00

(具体数据以出书为准)

销售服务:010－88191017,88191063(FAX)
E-mail:　webmaster@ewinbook.com
邮购地址:北京市阜成路甲 28 号新知大厦
中国财政经济出版社邮购部
邮购费用:书价加 15%
电　　话:010－88190406　88190488
邮　　编:100036

图书订购单

（可复印使用）

第一步：请您填写以下资料：

公司名称：　　收书人：

发货（邮寄）地址：　　邮编：

联系电话：　　E-mail：

第二步：请您填写您所选购的图书及册数资料：

图书名称（请注明版次）	数　量	单价（RMB）	合计（RMB）
合　计			

第三步：请您到邮局将款项汇至以下地址：

收 款 人：中国财政经济出版社邮购部

地　　址：北京市海淀区阜成路甲 28 号新知大厦

邮　　编：100036

电　　话：010－88190406　88190488

传　　真：010－88190414

邮购费用：书价加 15% 的邮费

第四步：请确认您是否需要增值税票，如果需要请在传真中注明您的增值税信息：

☐ 开具增值税发票　　☐ 开具普通发票

第五步：如果您想了解其他详细情况，请垂询销售热线或发电子邮件：

TEL：010－8819 1017　　E-mail：webmaster@ewinbook. com

第六步：请您在以下空白处签字确认：

客户：

日期：